AF290765

FSC
www.fsc.org
MIX
Papier aus ver-
antwortungsvollen
Quellen
Paper from
responsible sources
FSC® C105338

Gedanken der Erleuchtung

Band 1

Die Selbstfindung

Christian Lipp

<u>www.christianlipp.at</u>

Impressum:
Autor: Christian Lipp
Herausgeber: Christian Lipp c/o Autorenservice Gorischek
8101 Gratkorn, Am Rinnergrund 14/5, Österreich
4. Auflage, Februar 2025
Verlag: BoD · Books on Demand GmbH, In de Tarpen 42,
22848 Norderstedt, bod@bod.de
Druck: Libri Plureos GmbH, Friedensallee 273, 22763 Hamburg
ISBN: 978-3-8482-1256-9

Finde

dich selbst

und werde dabei

zum Licht

der Welt.

Inhalt

Vorwort

Liebe Leserin, lieber Leser,

Dies ist ein spirituelles Buch und zeigt dir, wie du abseits von Religion und Kirche eine tiefere Verbindung zu Gott eingehen kannst. Wenn wir uns der Spiritualität zuwenden, ist dies der Beginn einer wunderbaren Reise in ein bewussteres und besseres Leben. Bei dieser Reise lernen wir uns selbst besser kennen und gehen auch eine tiefere Beziehung mit Gott ein. Diese Beziehung zu Gott, können wir jederzeit eingehen – es ist nur eine bewusste Entscheidung.

Die Meditation ist ein wesentlicher Bestandteil, um mit Gott eine tiefere Beziehung herzustellen. Wir gehen dabei in dieses magische Bewusstseinsfeld der Stille und öffnen uns für die Verbindung zu Gott. Diese Verbindung zu Gott lässt uns erkennen, wer Gott ist, und was unser „Selbst" ist – sie wird auch als die „Selbstfindung" bezeichnet.

In der Selbstfindung, finden wir zu Gott.

Die „Gedanken der Erleuchtung", sind ein praktischer Wegweiser auf diesem Weg zu dir selbst. Oft wissen wir nicht, was es bedeutet, „sich selbst zu finden". Wir kennen unseren Körper, unseren Verstand und unser Ego. Damit identifizieren wir uns meistens, aber wir hinterfragen diese Identifikation meist nicht. Aber genau da liegt das Problem: Wir identifizieren uns mit einen Bestandteil in uns, der vergänglich ist – der endlich ist.

Vorwort

Dies verursacht unser Leiden und unsere Angst, die wir vielfach erleben. Der Großteil unserer Probleme beruht auf dieser falschen Identifikation.

Wenn wir bewusster werden – wenn wir „aufwachen", dann kann dies eine wunderbare Offenbarung für uns sein. Die Offenbarung besteht darin, dass wir erkennen, wer wir wirklich sind, und das wir die Identifikation mit dem vergänglichen Teil in uns aufheben. Dies ist eine wahre Befreiung und der Beginn eines neuen Lebens, das von mehr Liebe, Freude und einen inneren Frieden, geprägt ist.

Dieses Buch soll aufklären und zum bewusster werden beitragen. Es zeigt dir, wie du dich selbst finden kannst, was Erleuchtung ist und wie sich das Leben danach verändern kann. Lass dich einfach inspirieren, lass es einfach auf dich wirken. Beurteile die Aussagen nicht sofort, du kannst sie vielleicht derzeit noch nicht nachvollziehen, weil es eine neue Welt für dich ist.

Ich empfehle dir auch, dieses Buch langsam und bewusst zu lesen. Nimm dir Zeit dafür, lies nicht zu viel auf einmal – weniger ist mehr. Du kannst vielleicht nicht alles gleich verstehen, weil es Bereiche anspricht, die dir bisher fremd waren. Die spirituelle Erkenntnis kommt erst nach und nach.

Spiritualität ist in jedem Leben gegenwärtig, auch in deinem. Es kann gar nicht anders sein, weil wir alle geistige Kinder Gottes sind. Wir sind alle in unserer

Essenz reines Bewusstsein. Doch kann dieses Bewusstsein von einem starken Ego überschattet sein, wir sprechen dann von einem „schlafendem Bewusstsein", oder Egobewusstsein.

Wenn wir uns selbst finden – wenn wir aufwachen, tritt unser Ego in den Hintergrund, und wir identifizieren uns nicht mehr mit unserem Ego. Wir kommen dann in ein „erwachtes Bewusstsein" und dies ist eine echte Befreiung für unsere Seele und gleichzeitig eine Bereicherung für unser Leben.

Jede Seele macht eine spirituelle Reise. Es ist nur die Frage, wo wir uns gerade auf dieser Reise befinden. Wir sind also alle „Spirit", ob wir wollen oder nicht. Was jedoch unterschiedlich ist, ist unser Bewusstsein dafür, dass wir Geist – dass wir eine Seele sind.

Jeder von uns wird irgendwann einmal tiefer in die Spiritualität eintauchen, jeder wird erwachen und zu Gott zurückkehren – wenn nicht in diesem Leben, dann in einem der nächsten. Jeder von uns klettert langsam die Bewusstseinsebenen empor, bis zur Erleuchtung. Diese Erleuchtung ist eine wunderbare Befreiung für uns und wird begleitet, mit einem starken Gefühl der Liebe, Glückseligkeit und einem inneren Frieden .

Ich möchte mit diesem Buch keine Werbung für Spiritualität machen. Ich möchte lediglich aufzeigen, dass es einen spirituellen Weg gibt und wie du dich am besten auf diesem Weg machen kannst. Ich persönlich bin sehr dankbar, diesen Weg gefunden zu haben, und empfinde es als Befreiung, ihn gegangen zu sein.

Wenn du deine spirituelle Reise einmal begonnen hast, wird diese Reise eine Eigendynamik bekommen. Das Anklopfen bei Gott, bleibt nicht unbeantwortet. Wenn im richtigen Moment gewisse Dinge in unserem Leben erscheinen – sei es in Form von Personen, Bücher, Nachrichten, etc. – glauben wir oft an den Zufall.

Doch meiner Meinung nach gibt es keine Zufälle im herkömmlichen Sinne. Sondern „es fällt dir zu", also mit voller Absicht – das ist der Zufall. Also wenn dieses Buch den Weg zu dir gefunden hat, dann soll das womöglich genauso sein. Dann genieße dieses Buch und erfreue dich deiner Bewusstseinsreise.

Der Anlass, dieses Buch zu schreiben, war mein eigener spiritueller Weg, der ungefähr im Jahre 2017 begann. Er führte mich immer mehr in die Mediation und dadurch zu Gott. Die Meditation ist die Voraussetzung, um eine engere und intensivere Verbindung zu Gott einzugehen. Im Laufe der Zeit veränderte sich mein Leben Zusehens zu einem besseren und war geprägt von Freude, Leichtigkeit und Liebe.

Ich beschäftigte mich immer mehr mit der Spiritualität und machte eine Bewusstseinsreise, bis ich im Dezember 2022, meine eigene Erleuchtung hatte. Dieses Ereignis war sehr einprägsam und hat mein Leben erstmal auf den Kopf gestellt. Ich war auf Wolke sieben und konnte erst nach einigen Recherchen wirklich begreifen, was geschehen war. Nach einiger Zeit habe ich dann beschlossen, anderen suchenden Menschen mit meiner eigenen Literatur zu helfen und einen Leitfaden in die Hand zu geben. Dieses Buch soll dir also auf deiner eigenen Bewusstseinsreise helfen und dich dabei unterstützen, den Weg zu dir selbst zu finden.

Wenn du mit der Meditation noch nicht vertraut bist, dann versuche es – probiere es aus. Solltest du jedoch psychische Probleme haben, dann besprich dies zuerst mit deinem Therapeuten oder Arzt, um sicherzustellen, dass die Meditation für dich geeignet ist.

In diesem Buch spreche ich alle Geschlechter gleichermaßen an. Für die einfache Lesbarkeit schreibe ich jedoch in der männlichen Form. Die Personenbezeichnungen beziehen sich daher auf alle Geschlechter.

Zwischen den Kapiteln findest du immer einen meiner spirituellen Gedanken, die ich nummeriert habe. Sie können dir als spiritueller Wegweiser dienen, müssen es aber nicht. Schließlich heißt das Buch ja „Gedanken der Erleuchtung".

1.

Der Weg

in die Spiritualität,

ist der Weg zu mir selbst.

Nur in der Selbstfindung,

finde ich zu

Gott.

Spiritualität entdecken

Die Spiritualität ist die Zuwendung zur geistigen Welt. Sie beginnt mit einem verträumten, meditativen Sein, in dem wir unsere Gedanken beruhigen und allmählich loslassen. Nach und nach wird uns bewusst, dass es noch einen anderen Ort gibt als diese materielle Welt, die wir mit unseren Augen wahrnehmen.

Wir haben meist eine sehr eingeprägte Vorstellung von unserem ICH – von dem wer oder was wir sind. Wir identifizieren uns oft ausschließlich mit unserem Körper aus Fleisch und Blut und entwickeln ein starkes Körperbewusstsein – ein Ichbewusstsein, das wir auch Ego nennen. Das liegt daran, dass wir uns an dem orientieren, was wir mit unseren physischen Augen sehen. Die Spiritualität ist jedoch ein Bereich, den wir mit unseren Augen nicht sehen können.

Die geistige Seite unseres Seins eröffnet sich uns, wenn wir beginnen unser logisches Denken anzuhalten und uns stattdessen der Meditation zuwenden. Durch die Meditation entsteht eine Verbindung zur geistigen Welt, die uns neue Fragen und neue Erkenntnisse eröffnet.

Wenn wir uns kontinuierlich dieser Meditation zuwenden, werden wir eine tiefere Verbindung zu unseren geistigen Wurzeln eingehen. Unser Fühlen und Wahrnehmen wird gefördert, und unser rationaler Verstand wird auf seine Kernaufgaben reduziert. Unser Ego wird kleiner, und die ewigen, im Kreis drehenden Gedanken in unserem Kopf lösen sich allmählich auf. Wir werden unweigerlich erfahren, das sich dies positiv auf unser Wohlbefinden und auf unser Leben im Allgemeinen auswirkt.

Spiritualität entdecken

In der Spiritualität beginnen wir eine Bewusstseinsreise zu uns Selbst. Unsere festgefahrenen Glaubenssätze über unser wahres Sein – unsere Existenz – werden nach und nach durch neue Erkenntnisse ausgetauscht. Dadurch klettern wir die Bewusstseinsebenen empor und erkennen allmählich, wer wir wirklich sind. Dies ist eine Revolution in unserem Leben, die in der Erleuchtung seinen Höhepunkt finden kann.

Unser Körper dient uns hierbei als Lern- und Erfahrungsinstrument. Wir erfahren mit ihm, in der Meditation, wer wir wirklich sind. Wir lösen uns von der Identifikation mit unserem Körper, wir lassen uns nicht mehr von unserem Ego steuern und beginnen ein selbstbestimmtes Leben.

Die Angst, die aus dem Ego kommt, schwindet mit dem Erkennen deiner wahren Identität. Sie wird abgelöst durch einen inneren Frieden und einer Freude die göttlichen Ursprungs ist. Es ist ein Ankommen bei dir selbst, ein Ankommen bei Gott.

Der spirituelle Weg war die beste Entscheidung meines Lebens, als Mensch, der ich jetzt bin.

2.

Ich habe einen

Körper, er ist mein

Lern- und Erfahrungsinstrument,

mit ihm kann ich lernen

und erfahren

wer ich wirklich bin.

Unser Ich-Bewusstsein

Im jungen Alter von etwa 3 Jahren entwickeln wir ein Ich-Bewusstsein, das wir auch das EGO nennen. Dieses Ego ist Teil unseres Verstandes und bestimmt unser Denken. Es identifiziert sich als körperliches Individuum und unterliegt der Illusion, dass wir ein rein materieller Körper sind, der von Gott getrennt ist. Dies bildet die Grundlage seiner Angst.

Das Ego wird durch unsere Erziehung, unsere direkten Einflüsse von außen und unseren körperlichen Erfahrungen gebildet, durch das, was wir sehen, hören und lernen. Es entwickelt im Laufe der Zeit ein eigenes Denksystem, das sich von deinem wahren Geist – deinem höhere Ich (deinem SELBST) – abspaltet und fälschlicherweise zu deinem zentralen ICH-Bewusstsein wird.

Durch die ständige Präsenz des Egos in deinem Kopf wird es sehr stark ausgeprägt und so bildet es die Grundlage unseres Denkens. Es wird dabei völlig übersehen, dass dein wahres ICH – dein SELBST – vom Ego-Denken überschattet wird und nur mehr im Verborgenen schlummert. Wie führen meist ein Ego-gesteuertes Leben anstatt ein SELBST-bestimmtes Leben.

Da wir bei uns in der Schule keinen spirituellen Unterricht haben und wir auch sonst kaum spirituelle Erfahrungen machen, bleibt das Ego meist ein Leben lang der Kern unseres Denkens. Es steuert uns tagein, tagaus und wir durchschauen diese Illusion nicht, da wir den Zugang zur geistigen Welt verlieren. Es sagt uns keiner, was wir wirklich sind. Es ist meiner Meinung nach die größte Illusion, der die Menschheit unterliegt.

Wenn wir beginnen, unser Ego zu erkennen, dann haben wir den Schlüssel in der Hand, um aus dem Ego-Denken auszusteigen. Wir können erfahren, dass unser Ego nicht unser reales ICH ist, sondern nur die Instanz in unserem Verstand, die glaubt, ein von Gott getrenntes Individuum zu sein, weil es sich nur als materieller Körper sieht. Dieses Ego sieht sich als verwundbarer, sterblicher Körper, es hat Angst um sein Leben, deshalb tut es alles, um uns als Körper zu beschützen. Es hat Angst und versucht, dem Tod zu entkommen. Dazu sind ihm alle Mittel recht: Es will mehr Macht, mehr Geld und mehr Sicherheit bekommen, um zu überleben. Dies ist der Grund, warum wir so stark sein wollen, warum wir so viel Geld und Besitz anhäufen wollen und warum wir nicht allein sein wollen.

Die Ausprägungen des Egos sind bei jedem Menschen unterschiedlich stark und unterschiedlicher Natur. In manchen Fällen sind es harmlose Ausprägungen, wie „ich fahre ein schöneres Auto als du", oder „ich habe den besseren Schulabschluss als du", usw. Alles kein Problem, aber man sollte sich bewusst sein, dass dies unser Ego ist, das uns so ein Verhalten an den Tag legen lässt. Wenn wir es wissen, dann können wir darauf richtig reagieren, oder im besten Fall erkennen das unser Verhalten eigentlich nicht angebracht ist, weil es im Grunde völlig egal ist, wer das schönere Auto fährt, oder nicht.

Ein starkes Ego hat meist negative Auswirkungen und ist leider oft der Auslöser von Streit und Gewalt. Wenn wir unser Ego als das erkennen, was es ist – nämlich unser kleines ICH – das Ich unserer Person –, dann können wir lernen, es zu kontrollieren und uns von unserem höheren ICH – unserem Bewusstsein, das an den heiligen Geist angebunden ist, führen zu lassen.

Dein Höheres ICH ist deine wahre Identität, es ist angebunden an den heiligen Geist. Unser Ziel ist es, aus dem illusorischen ICH-Bewusstsein und somit aus dem unbewussten Ego-Denken auszusteigen und bewusst aus unserer wahren Identität, unser „höheres ICH", zu denken. Du kannst beginnen, ein selbstbestimmtes Leben zu führen, wenn du bewusster wirst.

Mit zunehmender Bewusstheit steigst du die Bewusstseinsebenen empor und erhebst dich aus dem schlafenden Bewusstsein in ein erwachtes Bewusstsein.

3.

Ich weiß das ich nicht

mein Ego bin,

ich lasse mich nicht mehr

von meinem Ego führen,

sondern von meinem

höheren ICH, –

meinem SELBST.

Die Illusion des Körpers

Wir erblicken bei unserer Geburt das Licht der Welt, indem wir aus dem Körper unserer Mutter kommen. Wir sehen von Anfang an die Körper unserer Eltern und unserer Mitmenschen. Wir sehen uns im Spiegel und lernen: Das bin ich, der Körper den ich im Spiegel sehe. Dadurch ist die Identifikation mit dem Körper vorprogrammiert.

Viele Menschen haben auf die Frage: „Wer oder was bist du?", oftmals keine passende Antwort parat. Wenn sie genauer nachdenken, spüren sie oft, dass sie doch kein Körper aus reiner Materie sein können, können aber nicht genau sagen, was sie sind. Die Beschreibung „Ich bin ein Mensch" ist natürlich nicht falsch, aber sie ist sehr ungenau. Hinter den Worten „Ich bin ein Mensch" steckt oftmals auch nur der biologische Gedanke dahinter, also die Erkenntnis, ein hochentwickeltes Lebewesen aus Fleisch und Blut und einem Verstand zu sein, und dass wir der Gattung der Homo sapiens, entstammen.

Die spirituelle Sicht, die einen Menschen als Ebenbild Gottes beschreibt, wird kaum erkannt und erwähnt. Gott ist aber keine anthropomorphe Figur, wie sie in manchen Religionen oft vermittelt wird, sondern der schöpferische, allumfassende Geist, der das Leben selbst ist. Daher können wir als Ebenbild Gottes kein materieller Körper sein. Wir sind Geist - wir sind ewiges Leben.

Wenn wir uns als materieller Körper, also als reine Materie, sehen – und im Unterbewusstsein tun wir das sehr oft – dann hat das Konsequenzen, die uns Angst machen und meist ein Leben lang leiden lassen. Es ist schön, einen Körper zu haben, natürlich. Er ist unsere derzeitige Erscheinungsform – unsere Maske. Mit ihm können wir uns ausdrücken. Er ist unser Lern- und Erfahrungsinstrument und unser Werkzeug für das Leben als Mensch. Wir müssen hier unterscheiden zwischen Haben und Sein. Die Illusion ist also, zu glauben, wir „sind" ein materieller Körper. Wir haben einen materiellen Körper, aber wir sind kein materieller Körper. Dies ist ein großer Unterschied, dessen Bedeutung uns am ersten Blick nicht bewusst ist.

Unser Körper ist ein wunderbares Geschenk, aber er ist nicht unsere Essenz. Er ist nicht das, was wir in unserer göttlichen, ewigen Essenz sind. Unser Körper ist ein biologisches Produkt zweier anderer Körper. Er wird altern und er wird wieder zu Staub und Asche. Wir haben unseren Körper nur vorübergehend, für dieses eine Leben, das nicht unser einziges ist. Unser Körper kann nicht ewig sein, er ist Materie. Unser Leben jedoch ist ewig.

Ich beobachte Menschen, die sich sehr mit Ihrem materiellen Körper identifizieren. Sie haben keine Vorstellung davon, wie sehr sie diese falsche Identifikation beeinträchtigt. Sie glauben an einen Körper, folglich glauben sie auch an Krankheit und an den Tod. Sie haben es nicht gelernt, dass sie kein

Körper sind, sondern lediglich einen Körper haben. Ihre Eltern haben es Ihnen nicht gesagt, weil sie es selbst nicht wussten und ebenso an dieser Illusion gelitten haben.

Wenn wir uns von der Vorstellung, „ein materieller Körper zu „sein", loslösen, beginnt ein Umdenkprozess in unserem Bewusstsein, der weitreichende positive Ergebnisse für unser Leben hat. Dieser Umdenkprozess beginnt damit, dass wir durchschauen, dass unser Ego, also unser Ich-Bewusstsein, so wie es zurzeit denkt, falsch denkt. Dieses falsche Denken müssen wir beginnen zu hinterfragen und zu korrigieren.

Dieses Ego ist eine Instanz deines Verstandes und hat gewisse Glaubensätze gespeichert, die unser Denken beeinflussen. Es ist meist so konditioniert, dass es sich als ein von Gott getrennter Körper wahrnimmt. Durch diese falsche Wahrnehmung hat das Ego hauptsächlich Angst. Diese Angst beeinträchtigt unser Leben, tagein, tagaus.

Der erste Schritt wäre also, dein Ego-Bewusstsein erstmal zu erkennen und deine Gedanken – deine Ängste – einfach nur zu beobachten, als das, was sie sind: ein Denken deines Verstandes, das Großteils automatisch abläuft. Mehr dazu noch später.

4.

Ich habe

einen Körper, aber

ich bin nicht mein Körper.

In meiner Essenz

bin ich ewiger,

reiner Geist.

Was ich wirklich bin

Um herauszufinden, wer wir wirklich sind, ist es ratsam, uns nicht auf das zu beschränken, was wir mit unseren physischen Augen erfassen können. Das Essenzielle im Leben allgemein und das Essenzielle an uns können wir mit unseren Augen nicht sehen.

Es gibt vieles, dass wir mit unseren Augen nicht erfassen können, und dennoch ist es von hoher Präsenz und Wichtigkeit. Schon allein die Luft zum Atmen können wir mit unseren Augen nicht sehen, aber hätten wir sie nicht, gebe es kein Leben für unseren Körper.

Unsere gesamte Kommunikation oder ein großer Teil davon basiert auf Schallwellen und Radiowellen in unterschiedlichen Frequenzen, die wir nicht sehen können. Angeblich sehen wir mit unseren Augen nur 8% von dem, was tatsächlich in unserem Raum, also um uns herum ist. Das ist ein sehr kleiner Teil, oder nicht? Es ist nur der Teil der Realität, der als Materie in unserem Raum sichtbar ist. Die anderen 92 % sind unsichtbarer Geist und unsichtbare Energien. Wenn du also ein Mensch bist, der nur das glaubt, was er mit seinen eigenen Augen sehen kann, dann ist das ziemlich wenig, und du wirst die Wahrheit womöglich nie erfahren.

Die Wahrheit über dich und dein Leben ist nämlich ebenso nicht sichtbar, weil du dich als Geist nicht sehen kannst. Unsere Essenz ist Geist, ewiger göttlicher Geist, den wir auch reines Bewusstsein nennen.

Es ist unser höheres ICH – unser SELBST. Dein höheres ICH, oder dein SELBST ist Teil des göttlichen Geistes und daher ewiges Leben. Du kannst nicht sterben, du bist ewiges Bewusstsein.

Gott ist alles was ist, der ganze, allumfassende Geist, der in allem steckt. Dein Teil dieses allumfassenden Geistes, der du bist, ist deine Seele. Deine Seele ist dein individueller Geist eines viel größeren Geistes, der alle Seelen miteinander verbindet. Du bist ein Tropfen aus einem Ozean, könnte man sagen.

Dieser große, allumfassende und unendliche, ewige Geist – dieser Ozean – ist Gott, und du bist sein geistiges Ebenbild, weil du und jeder von uns, alles Leben, Teil davon ist.

Ohne Geist gibt es kein Leben. Dein Körper als reine Materie würde nicht leben, wenn er nicht durch deinen Geist belebt – beseelt – werden würde. Dein Körper ist sozusagen nur die Hardware deines Systems. Du aber als reines Bewusstsein – reiner Geist – bist die Software deines Systems. Ohne dieser Software geht gar nichts.

Dein Geist ist mit jeder deiner Körperzellen verbunden, deshalb funktioniert dein Körper so vollautomatisch, wie ein Wunder der Natur.

Was ich wirklich bin

Durch die gänzliche Verbundenheit deines Körpers mit
deinem Geist, wird dein Körper zu einem intelligenten
Lern- und Erfahrungsinstrument. Er sagt dir auch, wann
du dich auf dem Irrweg befindest. Durch Schmerzen
zeigt er dir an, dass etwas nicht stimmt. Wenn du
sensibel dafür bist, wirst du auf deinen Körper hören.
Werde still und höre hinein in deinen Körper – er spricht
mit dir. Er zeigt dir, in welchem Bereich du dich neu
ausrichten sollst. Ständige Kreuzschmerzen, können ein
Zeichen sein, dass du dich am Kreuzweg, also am
Leidensweg befindest. Es gibt dazu Bücher, über die
Sprache – über die Botschaften – des Körpers.

Dein Körper ist natürlich auch dein Werkzeug, um den
göttlichen Willen geschehen zu lassen, um zu lieben und
unseren Beitrag hier in dieser materiellen Welt zu
leisten. Mit ihm können wir im wahrsten Sinne des
Wortes „Liebe machen". Wir nennen es auch „die
schönste Sache der Welt".

Gott ist alles was ist und als geistige Kinder Gottes, sind
wir das Leben selbst und somit ewig und unsterblich.
Das ist das Einmaleins der Spiritualität.

5.

Alles was lebt,

hat einen inhärenten Geist,

es ist die Präsenz Gottes.

Wir alle sind ein

untrennbarer

Teil davon.

Heraus aus dem Ego-Denken

Gehen wir mal davon aus, du hast dir über dein wahres ich, bis jetzt noch wenig Gedanken gemacht. Dann glaubt dein Unterbewusstsein vermutlich, du bist ein Körper aus Fleisch und Blut, weil du nie an etwas anderes gedacht hast und es dir seit deiner Kindheit so vermittelt wurde.

Noch nie hat jemand zu dir gesagt: „Hey, du bist kein Körper, du bist reiner Geist. Du hast zwar einen Körper, aber das ist nicht das, was du bist". Das ist so wie mit einem Windrad: Ein Windrad hat auch einen Körper, dieser ist reine Materie, aber ohne Wind steht es still und bewegt sich nicht. Der unsichtbare Wind, bringt es erst zum Bewegen. Bei uns Menschen ist es unser unsichtbarer, göttlicher Geist, der uns zum Leben erweckt. Ohne ihn wären unsere Körper leblos.

Wenn du dir bewusst machst, dass du kein Körper bist, dann hat das weitreichende, positive Auswirkungen auf dein Leben allgemein. Du kannst das vielleicht zur Zeit noch nicht verstehen, aber deine tiefsitzende, unterbewusste Vorstellung, ein Körper zu sein, verursacht Angst in dir. Der Großteil deiner Ängste beruhen auf dieser Fehlwahrnehmung. Dein Ego ist davon überzeugt, du bist ein Körper, du bist ein Einzelwesen, von allen anderen Wesen getrennt und vor allem von Gott getrennt.

Ich bin der Meinung, die Identifikation mit dem Körper ist der Auslöser von vielen Krankheiten, Ängsten und anderem Leid.

Ein neues, bewussteres Denken, das zur Umkehr dieser falschen Identifikation führt, kann uns helfen, dieses Leiden zu lindern, selbstbewusster zu werden und inneren Frieden zu finden.

Ich spreche hier aus eigener Erfahrung. Die spirituelle Praxis wie Meditation und die Korrektur deiner falschen, tiefsitzenden Glaubenssätze in deinem Bewusstsein führt dich heraus aus der Gefangenschaft deines Egos.

Wenn du weißt, wer du bist, gibt es keinen Grund mehr, Angst zu haben. Nicht nur das, es verändert dein Leben in vielen Bereichen positiv, die dir nach und nach bewusst werden, wenn du beginnst, umzudenken und dich neu zu orientieren.

Wenn du ein sehr körperbewusster Mensch bist und dir der Gedanke, dass du kein Körper bist, ein Unwohlsein beschert, dann versteh mich bitte nicht falsch. Du sollst deinen Körper weiterhin hegen und pflegen, gehe gut mit ihm um, er ist heilig und er wünscht sich so sehr, von dir geliebt zu werden – er soll von dir geliebt werden. Er ist jetzt für dich, dein Zuhause, er ist dein Werkzeug und dein Erfahrungsinstrument. Bis dein Körper stirbt, gehst du mit ihm durch dick und dünn, also behandle ihn wirklich gut. Gib ihm alles, was er braucht, verwöhne ihn und habe Spaß mit ihm, aber sei dir bewusst, wer das macht. Welche Stimme sagt: „Heute verwöhne ich meinen Körper mal so richtig, denn ich habe jetzt nur diesen einen Körper und ich möchte, dass es ihm gut geht". Beginne genauer hinzusehen und zu verstehen: Du hast einen Körper, aber der, der ihn verwöhnt, bist du als geistiges Wesen – dein Über-Ich – als reines, ewiges, Bewusstsein.

 Du bist dein höheres ICH. Wir nennen es auch dein SELBST. Es ist reiner Geist, reines Bewusstsein.

Unser unbewusstes Denken kommt aus dem Ego, und wir denken im Durchschnitt bis zu 60 000 Gedanken pro Tag, die Großteiles keine Bedeutung haben und sich nur ständig wiederholen. Wenn du beginnst, deine Gedanken bewusster wahr zu nehmen, dann ist das bereits ein Anfang, um dein Ego zu durchschauen.

Seine Gedanken bewusster wahr zu nehmen, kann man üben und lernen. Auch dies wird zur Gewohnheit, so wie die Unbewusstheit zur Gewohnheit geworden ist. Glücklicherweise kann man eine Gewohnheit durch eine andere ersetzten, dies ist sogar leichter, als sich eine Gewohnheit einfach nur abzugewöhnen.

Durch Selbstbeobachtung erkennst du dein höheres ICH – dein SELBST. Es ist der Teil in dir, der beobachtet. Du kannst dein Ego beim Denken beobachten, wenn du bewusst bist. Je mehr du zum Beobachter deines Denkens und Handelns wirst, desto eher durchschaust du dein Ego und kannst gezielt darauf einwirken. Es ist ein großer Unterschied, ob du der Meinung bist „Ich denke", oder ob du der Meinung bist „Mein Ego denkt". Wenn du verstehst, dass dein unbewusstes Denken in dir dein Ego ist und nicht du, also dein SELBST, dann beginnst du, dich von deinem Ego abzugrenzen.

Mehr Bewusstheit ist der Schlüssel, um aus der Ego-Falle auszusteigen. Du beginnst dann ein selbstbestimmtes Leben, und dein Ego tritt in den Hintergrund. Dein Ego wird immer da sein, es gehört zu dir, aber es soll dich nicht beherrschen. Es soll ein gut erzogenes Ego werden. Es soll nicht die Regie in deinem Leben führen. Die Regie in deinem Leben soll dein höheres ICH – dein Selbst – führen. Das ist dein Bewusstsein – dein Geist, der angebunden ist an den heiligen Geist. Deine Lebensqualität wird eine bessere werden, wenn dein selbst, die Regie in deinem Leben führt. Dein Ego führt ein Leben in Angst – es glaubt an die Trennung. Aber dein Selbst führt ein Leben aus der Liebe – es ist angebunden an den Heiligen Geist – an Gott.

Wir müssen unser eigenes Denken – unser Ego-Denken, nur reduzieren, dann hat der Heilige Geist mehr Einfluss auf unser Leben.

6.

Ich bin nicht mein Ego,

ich bin mein

höheres ICH -

mein SELBST.

Es ist reiner Geist -

reines Bewusstsein.

Dein innerer Denker

Die vielen Gedanken, die wir im Laufe eines Tages denken kommen meist aus deinem Ego – aus deinem Verstand. Es sind sozusagen Ego-Gedanken und kommen aus deinem kleinen ICH.

Dieses EGO ist nicht deine reale Identität, es ist deine eingebildete Identität. Das Ego ist Teil deines Verstandes, der glaubt, du bist ein getrenntes Wesen von Gott. Doch das bist du nicht. Du bist Teil der göttlichen Präsenz in Form von Geist. Dies wirst du in der Meditation erkennen.

Es ist wichtig zu begreifen, dass dieses Denken in dir aus dem Ego kommt und unbewusste Gedanken sind, die durch falsche Glaubenssätze entstehen. Es sind automatisch und unbewusst ablaufende Gedanken, die du nicht bewusst denken willst. Wir müssen beginnen, zwischen deinen, „unbewussten Gedanken" und „deinen bewussten Gedanken" zu unterscheiden. Die Unterscheidung in der jeweiligen Situation setzt auch wieder ein hohes Maß an Bewusstheit voraus.

Der Großteil deiner Gedanken ist der Teil, der aus deinem EGO kommt und unbewusste Gedanken sind. Sie haben nichts mit deinem Höheren Ich – mit deinem SELBST – zu tun hat. Wie schon erwähnt, wird dein EGO seit deiner Kindheit gebildet. Es speichert die Summe deiner Erfahrungen, Umwelteinflüsse, Einflüsse aus dem kollektiven Ego und Einflüsse aus der Erziehung usw. Das Ego bildet durch gewisse

Dein innerer Denker

Glaubenssätze und Überzeugungen ein eigenes
Denksystem über dich und über dein Leben. Daraus
ergeben sich die unbewussten Gedanken, die dein EGO
in verschiedenen Situationen denkt. Diese können
positiv, aber auch negativ und destruktiv sein.

Vielleicht hast du bis heute deine Gedanken noch nie
hinterfragt und du glaubst ständig, du denkst selbst alle
deine Gedanken. Wenn es wohlwollende, gute und
liebevolle Gedanken sind, ist das ja kein Problem. Aber
unsere Ego-Gedanken machen uns meist zu schaffen
und sind eher negativ, angstbesetzt, destruktiv und
minderwertiger Natur.

Wie erkennst du jetzt deine Ego Gedanken? Sie sind all
jene Gedanken, die einfach wahllos auftauchen und die
du nicht bewusst denkst. Das kann sein, wenn du eine
Prüfung hast, denkt dein Ego vielleicht: „Das schaffe ich
nicht, das kann ich nicht". Oder du hast ein Gespräch mit
deinem Chef und dein Ego denkt: „Der wird mich wieder
klein machen", und du hast Angst vor dieser Situation. In
solchen und vielen andere Situationen am Tag hast du
Gedanken, die von deinem Ego kommen.

Gedanken und Ängste kommen auch aus deinem
Unterbewusstsein. Du bist reines Bewusstsein und du
hast schon viele Leben gelebt. Dein Unterbewusstsein
ist wie ein riesiger Datenspeicher, quasi eine Festplatte,
auf der auch einiges gespeichert ist, was du schon in
vorigen Leben erlebt hast. Ängste kommen auch aus
deinem Unterbewusstsein und können transformiert
werden, wenn du sie dir einfach bewusst anschaust und
wahrnimmst.

Du solltest keine Angst vor der Angst haben.
Grundsätzlich sind das nur geistige Energien, die
auftauchen und wieder verschwinden, wenn du ihnen
nicht zu viel Bedeutung beimisst. Du schaust sie dir
einfach an, nimmst sie zur Kenntnis und weißt: Es ist
ganz normal, dass ein Ego Angst hat. Wichtig ist, dass
du dich fortan mit deinem Ego nicht mehr identifizierst.

Es ist für dich wichtig zu verstehen, dass das Ego in dir
eine eigene Instanz ist, von der du glaubst, es ist deine
reale Identität. Aber das ist sie nicht. Das Ego bist nicht
du selbst, es ist eben nur dein kleines eingebildetes ICH-
Bewusstsein und nicht dein höheres Ich (dein Selbst).

Menschen, die ihre unbewussten Ego-Gedanken nicht
hinterfragen und als das identifizieren, was sie sind -
nämlich unbewusste Gedanken, die einfach da sind,
aber im Grunde keine Bedeutung haben – führen ein
Leben als Sklave ihres Egos. Das Problem ist, dass sie
diese Gedanken noch glauben, weil sie diese Gedanken
für wahr halten und aufhören, bewusst selbst zu denken.

Das führt so weit, dass sie Opfer der Ego-Falle
geworden sind. Und das zerrt an ihrem Wohlbefinden
und ihrem Selbstbewusstsein und ist die Ursache für
viele Probleme.

Merke dir:

„Ein Gedanke und der Glaube daran versetzt Berge".

Du kennst vielleicht den Spruch: „Gedanken versetzen
Berge". Das stimmt nicht ganz. Erst der Gedanke und

der Glaube daran hat schöpferische Wirkung. Also glaube nicht alles, was du denkst. Beobachte erst erstmal alles, was es in dir unbewusst denkt. Es sind erst erstmal nur Gedanken.

Gedanken kommen und gehen. Beobachte sie einfach. aber gib Ihnen keine Bedeutung. Egal, welche Gedanken da sind, wichtig ist, dass du die negativen Gedanken deines Egos nicht glaubst, sondern sie einfach wahrnimmst und jetzt bewusst das Richtige denkst.

Mit zunehmender Bewusstheit wird es ruhiger in deinem Kopf, und du steigst allmählich aus diesem unbewussten Ego-Denksystem aus. Du beginnst, dir bewusst deine eigenen Gedanken zu machen und entscheidest immer wieder auf Neue, dass du auf dieses unbewusste Denken in deinem Kopf nicht hörst. Es entspringt eben nur deinem Ego, und das bist nicht du SELBST.

Wenn du deinem Ego folgst, folgst du der Angst. Wenn du deinem Selbst folgst, folgst du der Liebe. Es ist immer deine bewusste Entscheidung, welchen Weg du gehst: Den Weg der Angst, oder den Weg der Liebe. Wenn du dein eigenes Denken hinterfragst und reduzierst, wirst du offener für den Heiligen Geist - das ist der Geist Gottes.

7.

Ich erkenne meine

Ego Gedanken,

sie sind der unbewusste

Teil in mir

und haben nichts mit der

Realität zu tun.

Der innere Dialog

Du bist nicht die Stimme in dir, es ist dein Ego. Du darfst dich nicht für dein Ego halten, sonst bist du der Sklave deines Egos.

Wenn du erkennst, dass die Gedanken – die Stimme in dir – nicht du Selbst bist, sondern dein Ego, dein kleines ICH, kannst du einen inneren Dialog starten.

Das größte Unterscheidungsmerkmal zwischen Ego-Gedanken und deinem eigenen Denken ist das Bewusstsein, das dahintersteht. Wenn es unwillkürlich, also unbewusst, in dir denkt, ist das dein Ego. Die Ego Gedanken, sind meist wiederholende Gedanken, sie kommen immer wieder, unwillkürlich und unbewusst. Das heißt, du willst gar nicht bewusst denken, sondern es denkt einfach in dir. Dein Verstand ist damit beschäftigt, dein Erlebtes aufzuarbeiten. Das ist okay so – das ist sein Kernaufgabe, beobachte ihn einfach dabei.

Hingegen kommt dein bewusstes Denken, aus deinem höheren Ich, es ist eine willkürliche, bewusste, Entscheidung. Es kommt aus deinem Bewusstsein.

Wenn also solche Ego Gedanken da sind, schau sie dir erst einmal an und erkenne sie als solche. Denke dir: „Ah, mein Ego denkt schon wieder" und bewerte es nicht. Du kannst dein Ego, wie dein inneres Kind betrachten, manchmal ist es auch dein innerer Antreiber, oder dein innerer Kritiker, und ein anderes Mal wieder dein innerer Beschützer, oder dein innerer Schweinehund.

Und egal, in welcher Rolle dein Ego denkt, sobald du diese Gedanken bewusst wahrnimmst und beginnst, sie zu beobachten – gegebenenfalls zu hinterfragen – steigt dein Bewusstsein. Du wirst zu deinem Beobachter.

Dann nimm dir einmal etwas Zeit und nimm einmal genau wahr, was es alles in dir denkt. Laufe nicht vor deinen Gedanken davon – verschließe dich nicht davor – sie tun dir nichts. Es ist eine interessante Erfahrung deine Gedanken zu beobachten. Du kannst sogar gleichzeitig bewusst denken und entscheiden, ob diese Ego-Gedanken für dich Sinn machen oder nicht. Du erkennst dann den echten Unterschied, zwischen Ego-Gedanken und deinem bewussten Denken.

Dein bewusstes Denken ist einfach eine Instanz höher oder hinter den Ego-Gedanken. Du gehst sozusagen durch die Ego-Gedanken durch, in dein bewusstes Denken. Es ist so, als würdest du aus einem Haus auf die Dachterrasse steigen und nun das Haus von außen betrachten.

Durch die bewusste Entscheidung, nicht deinen Ego-Gedanken einfach zu glauben, sondern sie zu hinterfragen, beginnst du ein SELBST-bestimmtes Denken. Durch Bewusstsein erkennst du deine Ego-Gedanken und kannst damit einverstanden sein oder nicht. Das kommunizierst du dann in deinem Kopf zu deinem Ego. Dieser innere Dialog ist also eher als mentaler Dialog gemeint. Sprich aber immer liebevoll mit deinem Ego, so als wäre es dein Kind.

Zum Beispiel: „Na, mein liebes Ego, bist du wieder ängstlich? Das musst du aber nicht weil,…wir machen das gemeinsam,…ich bin bei dir,…usw."

Je bewusster du dir deine Gedanken anschaust und einfach nur zur Kenntnis nimmst, desto eher wird dieser Gedankenstrom wieder weniger werden. Deine ständigen Gedanken sind eine Gewohnheit deines Verstandes, die du dir auch wieder abgewöhnen kannst. Es bringt dir nichts, wenn es in deinem Kopf ständig denkt, es verursacht nur Chaos im Kopf. Wenn du deinen Verstand beruhigst, wenn du lernst, diese Gedanken zu transformieren, dann wirst du frei im Kopf.

Um freier im Kopf zu werden, gehört auch dazu, einmal aufzuhören alles zu beurteilen und zu analysieren. Die Dinge sind einfach so wie sie sind, und es gibt kein Gut oder Schlecht. Das ständige Beurteilen ist auch eine antrainierte, unbewusste Eigenschaft deines Verstandes, die keinen Nutzen hat.

Wenn dein Ego-Denken, also deine unbewussten Gedanken, einmal weniger werden, wird sich das positiv auf deine Klarheit und Reinheit auswirken. Es ist dies eine Frage deines Bewusstseins: Je mehr Bewusstsein, desto weniger Unbewusstes in deinem Kopf.

Durch bewusstes Denken wirst du allmählich die Bewusstseinsebenen hinaufklettern. Das ist eine gute Entwicklung auf deinem spirituellen Weg.

8.

Es ist eine

interessante Erfahrung,

meine Ego-Gedanken

zu beobachten,

und gleichzeitig zu

erkennen, dass dies eine

unbewusste Instanz

in mir ist.

Bewusst SEIN

In unserer hektischen Welt sind wir es gewohnt, zu funktionieren. Arbeit, Familie, Kinder, Hobbys – alles muss unter einen Hut gebracht werden. Wir handeln meist schnell und unverzüglich und nehmen uns kaum Zeit, um durchzuatmen. Dabei fällt es uns gar nicht auf, dass wir sehr unbewusst sind. Wir haben viele Gedanken im Kopf und reagieren meist, ohne sie zu hinterfragen, darauf. Je schneller wir leben, desto mehr haben wir das Gefühl, keine Zeit zu haben und das eigentliche Leben – den eigentlichen Moment, zu versäumen.

Die Lösung ist: Entschleunigung und mehr Bewusstsein. Ich nenne es „Bewusst Sein". Die deutsche Sprache ist eine klare Sprache. Viele Worte sind selbsterklärend und man kann eine direkte Bedeutung herauslesen, wie z. B. beim Wort „Bewusstsein". Es besteht aus den Worten „Bewusst" und „Sein".

Bewusst Sein bedeutet, sich bewusst Zeit zu nehmen um nur zu SEIN - also nichts zu tun und auch nichts zu denken.

Es klingt wie ein Wortspiel, aber es ist mehr als das. Wenn wir lernen, bewusst zu SEIN, dann heben wir unser Bewusstsein auf ein höheres Niveau. Wir können hier etwas von den Tieren lernen. Das Nilpferd, der Elefant, aber auch der Hund und viele andere Tiere – sie alle können sehr gut einfach nur Sein und sind sehr glücklich dabei. Sie haben auch den Vorteil, die Zeit nicht zu kennen, das macht sie sehr entspannt.

Bewusst Sein ist die einfachste Art zu meditieren und kann zu jeder Zeit angewendet werden. Ich beobachte, dass es vielen Menschen schwer fällt, einfach nur zu SEIN. Das ist schade. Wir werden so der Sklave unseres inneren Antreibers. Wir kommen nicht zur Ruhe und können keinen Kontakt mit unserem Inneren – mit unserem SELBST herstellen. Der Kontakt zu dir selbst ist aber sehr wichtig. Es ist der Kontakt zu Gott - über dein Selbst – es ist ein wichtiger Schritt zur Selbstfindung.

Wenn du mal auf einem Stuhl sitzt und es still wird – um dich und in dir –, dann sieh mal, wie lange es dauert, bis du den Impuls wahrnimmst, wieder aufzustehen und weiterzumachen. Wir sind es nicht gewohnt, dass es still wird. Wir meiden oft die Stille, weil sie uns fremd ist und Angst macht. Wir halten uns selbst nicht aus, dabei ist es so wichtig, zu lernen, dich selbst auszuhalten.

Bewusst Sein bedeutet, einfach still zu werden und einfach nur zu SEIN. Höre auf, etwas zu tun, und höre auf, etwas zu denken. Schau in die Luft und denke an nichts. Genieße die Stille, versenke deinen Blick in einen schönen Baum oder etwas anderes. Höre auf den Vogelgesang und nimm wahr, wie friedlich die Welt ist. Sollten Gedanken in deinem Kopf sein, dann nimm sie einfach nur wahr – nimm sie bewusst wahr, aber füge nichts hinzu. Beurteile sie nicht, sie vergehen wieder, so wie sie gekommen sind. Wenn möglich, höre auf zu denken - es ist nur eine Entscheidung. Du kannst bewusst mit deiner Wahrnehmung über deine Gedanken hinaus gehen, dorthin, wo keine Gedanken mehr sind, dorthin, wo die Stille ist.

Wenn du genau im „Hier und Jetzt" bist, gibt es nichts zu denken. Deine Gedanken sind immer in der Zukunft oder in der Vergangenheit. Du bist nicht genau im Jetzt, wenn du denkst. Oder du bist nicht genau im Hier - dann denkst du an einen anderen Menschen oder an einen anderen Ort. Wenn du aufhören willst zu denken, hole dich zurück in das „Hier und Jetzt" – genau in diesen Augenblick, an diesen Ort. Gehe in die Wahrnehmung. Wahrnehmung ist nicht denken, sondern wahrnehmen, was jetzt ist.

Versuche, immer wenn sich die Gelegenheit bietet, zumindest einige Momente oder Minuten, in diesem SEIN – in dieser Wahrnehmung – zu verweilen. Du beginnst damit, in die geistige Welt einzutauchen und gibst Gott mehr Raum in deinem Leben. Es ist dabei wichtig, dass du dich in das „Nichts" hineinversenkst – in den leeren Raum, in die Stille. Es gibt hier nichts zu tun und nichts zu denken.

Die Stille ist ein ganz friedlicher Ort. Nur dein Ego sieht das etwas anders. Deshalb wird dir dein Ego immer wieder sagen: „Los steh auf, mach dies oder mach das, arbeite weiter, geh laufen, oder tue sonst was." Das Ego wird in diesem Moment zu deinem inneren Antreiber. Wenn du deine innere Stimme erkennst, die dich antreibt, dann voila – du hast soeben dein Ego identifiziert. Du solltest dir jetzt diese Stimme in dir genauer ansehen – ich meine damit: einfach aushalten, sitzen bleiben und genau nicht tun, was diese Stimme von dir will.

Es ist für deine weitere spirituelle Entwicklung wichtig, dass du immer wieder auf dieses Ego triffst und es bewusst aushältst, ohne darauf zu reagieren. Auf diese Art und Weise läuterst du dein Ego – du erziehst dein Ego. Du wirst Herr über dein Ego und beginnst ein selbstbestimmtes Leben. Du musst deinem Ego zeigen, wer der Chef ist, und dies ist eine wunderbare Gelegenheit dazu.

Dein Ego soll nicht dein Leben bestimmen, sondern es soll dir einfach nur in deinem Leben als „Vorname Nachname" dienlich sein. Dein Leben soll dein SELBST bestimmen, das angebunden ist an den Heiligen Geist. Du führst dann ein Selbstbestimmtes Leben – ein Leben das deinem Seelenplan entspricht. Ein Ego-gesteuertes Leben ist ein Leben in Angst. Ein Selbst-gesteuertes Leben ist ein Leben in Freude und Liebe.

Wenn du immer wieder in dieses SEIN gehst und die Stille eine Zeit lang wahrnimmst, wirst du merken das es dir richtig guttut. Du wirst auch merken, dass deine Gedanken weniger werden. Genieße es und erfreue dich des Nichtdenkens.

Nichtdenken ist Meditation.

9.

Zu meiner spirituellen

Entwicklung gehört es,

mein Ego zu läutern.

Ich möchte die Kontrolle

über mein Ego bekommen

und ein selbstbestimmtes

Leben führen.

Dein höheres ICH

Dein höheres ICH ist der geistige Teil an dir, der angebunden ist an den heiligen Geist. Es stellt deine göttliche Präsenz dar, es ist reines Bewusstsein, es ist dein SELBST.

In der Meditation – im bewusst SEIN – kannst du lernen, in dein höheres ICH zu kommen. Es beginnt damit, deine Gedanken zu beobachten. Deine Gedanken entspringen deinem Verstand, und dein Verstand ist deinem kleinen ICH – deiner Person – deinem Ego, zuordenbar.

Wenn du dich diesen Gedanken hingibst und sie kreisen unaufhörlich in deinem Kopf, verweilst du in deinem kleinen ICH. Du bist dann der denkende „Vorname Nachname".

Durch die bewusste Beobachtung dieser Gedanken hebst du dich von deinem kleinen ICH ab. Du kommst dadurch in dein Bewusstsein; du ziehst eine Trennlinie zwischen dem denkenden kleinen ICH und dem beobachtenden – wahrnehmenden ICH – deinem höheren ICH. Es ist, als würdest du eine Etage über deinen Kopf hinaus gehen, so, als würdest du aus einem Haus auf die Dachterrasse steigen und nun das Haus von außen betrachten. Du gehst also über deinen Verstand hinaus, in dein Über-ICH – in dein höheres ICH – in dein Bewusstsein. Hier gibt es keine Ego-Gedanken mehr, hier herrscht Stille, hier ist der richtige Ort für die Meditation.

Dein höheres ICH

Dies ist der Raum, indem es kein Ego mehr gibt. Hier
bist du im heiligen Geist angekommen. Es ist ein Ort des
Friedens, ein Raum der Begegnung mit Gott. Hier gibt es
nur noch dein bewusstes Denken und den Geist, der als
Kommunikationsmedium zwischen dir und Gott dient.

In der Meditation solltest du versuchen, immer in deinem
höheren ICH zu sein. Es entsteht dann ein direkter Draht
zu Gott – zum heiligen Geist.

Dieses Über-deinen-Verstand-hinausgehen, in dein
höheres ICH, ist nur eine Entscheidung. Wenn du dies
einmal kennengelernt hast, wird dir dies immer leichter
fallen. Du wirst ruhig, beginnst dein Denken zu
beobachten, und schon kannst du sanft über deinen
Verstand hinaus gehen. Es ist in der Tat Übungssache.
Du merkst sofort, ob du in deinem höheren ICH bist, weil
dort plötzlich Stille herrscht – Gedankenstille. Es gibt
keine unbewussten Gedanken mehr – keine Ängste –
keine Sorgen – einfach Frieden.

Verweile in deinem höheren ICH eine Zeit lang. Es ist
nämlich eine schöne meditative Erfahrung. Du kannst
dies in der Vipassana-Meditation am besten praktizieren.
Mit etwas Übung lernst du in kürzester Zeit, in dein
höheres ICH zu kommen. Es wird zunehmend immer
präsenter in deinem Alltag. Du merkst das daran, das
deine unbewussten Gedanken immer weniger werden
und sich eine klare und reine Stille in deinem Kopf
einstellt.

Du bist angebunden an den heiligen Geist und lebst
einen meditativen Alltag. Die Gedanken, die jetzt von

Zeit zu Zeit auftauchen, sind die Botschaften Gottes. Sie zeigen sich immer wieder in kreativen Ideen oder in klaren Gedanken und Informationen. Sie führen dich durch den Tag, wenn du offen dafür bist – wenn du bereit bist dich führen zu lassen.

Es ist deine Entscheidung, aus dem Ego-Denken auszusteigen und dich über dein höheres ICH, angebunden an den heiligen Geist, durch den Tag führen zu lassen.

Deinen Verstand benötigst du für dein bewusstes Denken, für deine Arbeit, wenn du etwas planst oder wenn du dich auf eine Sache konzentrieren musst – für all das, wo dein bewusstes Denken erforderlich ist. Im Idealfall dient dir dein Verstand nur noch dazu, dein von Gott geführtes Leben hier in die Tat umzusetzen. Du folgst einfach deiner Intuition – das ist die Führung Gottes. Das Ego spielt dabei nurmehr eine untergeordnete Rolle. Es beschränkt sich auf deine „persönlichen" Vorlieben wie: „Wohin fahre ich in den Urlaub?", „Esse ich heute Pizza oder Pasta?" usw.

Du hast quasi dein Ego aufgegeben und lebst ein himmlisches Leben im Einklang mit Gott. Das Leben greift dir dabei unter die Arme, und du kannst dich einfach fallen lassen. Es klingt einfach – und das ist es auch. Es ist eine Selbstverwirklichung, weil das Leben genau weiß, wie dein Lebensplan – dein Seelenplan – aussieht. Nur dein Ego hat es nicht gewusst. Dein Ego will seinen eigenen Weg gehen – den Weg des Verstandes. Es kämpft gegen das Leben. Deshalb fühlt es sich oft so beschwerlich an.

10.

In der

Meditation kann ich

lernen, in mein höheres ICH

zu kommen, indem

ich über mein

Egodenken hinaus

gehe.

Die Stille in dir

Wenn du dieses Bewusst SEIN, immer wieder praktizierst, am besten so oft wie möglich, eröffnet sich dir allmählich eine neue Welt. Du kannst dabei experimentieren, indem du dieses SEIN mit anderen Tätigkeiten verknüpfst.

Du kannst z.B. auch einen Spaziergang machen, in der friedlichen Natur, abseits der Hektik des Alltags, und dabei in die Stille eintauchen. Ich kann auch beim Radfahren in der Natur abschalten, oder bei der Gartenarbeit. Nichtdenken muss nicht bedeuten, das deine Aufmerksamkeit verloren geht. Du denkst einfach nicht, du genießt dein SEIN und kannst dabei verschiedene meditative Tätigkeiten machen, die nicht deine volle Konzentration erfordern. Du vertiefst dich voll in deine Tätigkeit, bei der du einfach abschalten kannst.

Reduziere den Lärm im Alltag, schalte öfter das Radio aus. Wir werden so häufig mit sämtlichen Geräuschen zugedröhnt, dass wir ganz vergessen haben, wie sich Stille anhört, bzw. anfühlt. Es wird am Anfang vielleicht für dich ungewohnt sein, wenn es still ist, aber lass dich drauf ein. Du wirst merken, wie schön die Stille sein kann – es dauert nur ein wenig, bis du dich daran gewöhnt hast. Ich genieße es z.B. auch, ohne Radio im Auto zu fahren. Für mich ist die Stille die Musik des Lebens geworden.

Jedes Mal, wenn es still wird in dir, ist das eine Möglichkeit, dich wirklich zu spüren. Nimm wahr, was du denkst, oder fühlst, und bleibe mit deiner Aufmerksamkeit bewusst für längere Zeit bei deinen Gedanken und Gefühlen.

Wenn du erkannt hast, dass dieser Denker in dir dein Ego ist, dann beginnst du, dich davon abzugrenzen. Der nächste Schritt ist, dich dafür zu entscheiden, das Denken einzustellen. Fühle in dir die totale Stille: keine Gedanken mehr, keine Musik im Ohr, keine Worte – einfach nichts. Wie fühlt sich das an?

Wenn keine Gedanken und Gefühle da sind, kommst du in den absoluten Frieden.

Es ist auch eine Achtsamkeitsübung, die dich lehrt, mehr in dich hineinzufühlen, dich richtig wahrzunehmen – nicht nur an der Oberfläche. Fühle in deinen inneren Raum, das ist der Raum in deiner Brustmitte, um deinem spirituellen Herzen – deinem Herzchakra.

Die Stille in dir ist ein Ort der Begegnung mit Gott.

Ich habe dir schon gesagt, du bist ein Kind Gottes. Wir alle sind Kinder Gottes. Wie ist das gemeint?

Gott ist die Quelle der Schöpfung, das Leben, die Liebe – er ist alles was ist. Gott begegnet uns in allem was lebt und besonders in unserem Herzen.

Je mehr Zeit du mit dir allein in der Stille verbringst, desto mehr wendest du dich Gott zu. Gott wartet dort auf dich. Gott ist nicht irgendwo da draußen zu finden – nein, er ist in dir, in deinem Herzen zu finden.

In der Stille zu sein bedeutet, bei Gott zu sein. Mach diese wunderbare Erfahrung, ziehe dich immer wieder zurück und verbringe nur Zeit mit dir – es wird die wertvollste Zeit in deinem Leben werden.

Mit zunehmender Erfahrung wirst du ein Gefühl dafür bekommen, das Alleinsein nichts ist, wovor du dich fürchten musst. Im Gegenteil, du wirst es allmählich genießen, allein zu sein.

Diese Zeit wird dein Leben verändern. Es ist die Zeit, die du brauchst, um zu erwachen. Erwachen heißt: dich selbst zu finden – zu erkennen, wer du wirklich bist. Du gibst dabei die Illusion auf, etwas außerhalb von Gott zu sein. Du fühlst dich nicht mehr als getrenntes Wesen von Gott. Du hast die Trennung aufgegeben. Deshalb gibt es auch für dich dieses Gefühl der Einsamkeit nicht mehr. Du fühlst dich verbunden, mit Gott – mit allem was ist – weil Gott ist alles was ist.

Nur durch die stille Zeit kommst du in dein Erwachen. Es ist eine unglaubliche Erfahrung – eine Gotteserfahrung. Es ist wie ein Durchgehen durch ein finsteres Tunnel. Aber am Ende wartet das Licht auf dich. Es ist das Licht Gottes – das Licht der Befreiung.

11.

Ich kann Gott nur finden,

indem ich mich selbst finde.

Gott begegnet mir in der Stille,

in meinem Herzen,

es ist eine wunderschöne

Erfahrung.

Die formlose Meditation

Die Zeit des „Bewusst Seins" ist eine Zeit des Alleinseins und eine Zeit des Nichtdenkens. Es ist der Einstieg in die Meditation. Im Grunde würde dies als Erklärung reichen, denn die Meditation wird ohnehin ein Selbstläufer.

Wenn du die Süße der Stille einmal kenngelernt hast, möchtest du sie nicht mehr missen.

Das heißt, du wirst der Meditation sowieso einen festen Platz in deinem Leben geben, da bin ich mir ganz sicher. Aber ich möchte dir dennoch die Einweisung in eine weitere Meditationspraxis nicht vorenthalten.

Die formlose Meditation ist aufgebaut auf dem Bewusst Sein, ist aber nicht mehr so leicht immer und überall anwendbar. Sie ist eine intensivere Meditationsübung, bei der man sich wieder in die Stille zurückzieht und für eine gewisse Zeit die Augen schließt.

Es ist eine einfache Meditationsübung, aber sie erfordert gerade am Anfang eine gewisse Disziplin. Wir sind es nicht gewohnt, nichts zu tun und nichts zu denken. Deshalb kann es sein, dass es dir zunächst schwer fällt, die Übung auszuführen. Aber auch hier gilt wieder: Das Wort ist selbsterklärend – es ist eine Übung und will geübt werden.

Nimm dir für die nächsten 20 min Zeit und setze dich bequem auf einen Stuhl oder auf dein Bett. Halte deine Wirbelsäule möglichst gerade, und deine Hände kannst du bequem in den Schoß legen. Es sollte ruhig sein, und du solltest für die nächsten 20 min. nicht gestört werden. Atme ein paarmal tief durch und dann lass deinen Atem ganz ruhig werden, atme also flach weiter. Deine Augen kannst du schließen, musst du aber nicht. Wenn du die Augen lieber offenhältst, dann nimm dir einen Punkt im Raum, in den du dich versenken kannst – ein visueller Anker, sozusagen. Jetzt geht es darum, dich völlig zu entspannen: Lass dich ganz in dein Kissen sinken, entspanne die Schultern und das Kinn.

Wenn es in dir denkt, dann versuche, den leeren Raum zwischen deinen Gedanken wahrzunehmen. Zwischen einem Gedanken und den nächsten Gedanken gibt es immer eine Lücke – es ist ein stiller Raum – ich nenne ihn auch gerne: „den Nullpunkt". Versuche, in diesem Nullpunkt zu bleiben, und versuche, ihn auszudehnen. Dann bist du im Nichtdenken – in der Meditation.

Versenke dich in dieses Nichtdenken und nimm die Stille in dir wahr. Diese Stille ist die Schöpfung und äußerst produktiv. Wenn du glaubst, du bist unproduktiv, weil du nichts machst außer hier zu sitzen und in die Stille zu lauschen, dann irrst du dich. Etwas Produktiveres gibt es gar nicht – es ist die produktivste Art zu SEIN.

Du verbindest dich mit dem heiligen Geist. Du gibst dem heiligen Geist mehr Raum in dir. Du gibst damit dein Leben in die Hände Gottes – etwas Produktiveres gibt es nicht. Verweile wenn möglich 20 min in dieser Stille.

12.

In der Meditation verbinde

ich mich mit Gott – mit

dem heiligen Geist.

Der Heilige Geist ist die

allumfassende, universelle

Intelligenz.

Meditation und Bewegung

Warum gehen manche Menschen pilgern? Sie suchen sich vermutlich selbst oder den Sinn des Lebens, oder wollen Antworten auf verschiedene Fragen finden, die sie bewegen.

Pilgern ist sicher auch eine schöne Möglichkeit, um bei dir Selbst anzukommen. Pilgern, so wie es viel machen, ist oftmals eine Sache, die aus der Not geboren wird. Erst wenn der Hut brennt, entscheiden sich manche Menschen, eine Pilgerreise zu machen. Oftmals sind es private Probleme, die uns dazu bewegen, in die Stille zu gehen. Dann fahren die Leute nach Spanien und gehen den Jakobsweg, was sicher eine schöne Sache ist. Aber das muss nicht sein – du musst nicht wochenlang unterwegs sein, um dich selbst zu finden. Vor allem warte nicht, bis dich das Leben erst in die Enge treibt und du keinen Ausweg mehr siehst, sodass du alles hinschmeißt und sehr große Strapazen auf dich nimmst.

Man kann pilgern auch im kleinen Stil machen. Wenn du dir einen schönen Weg in der Natur suchst, den du gerne gehst, dann ist das ein idealer Ort, um eine Wanderung zu machen und dabei nach innen zu gehen.

Es geht beim Pilgern primär um nichts anderes, als dass man vom Stress des Alltags abschaltet, das man in die Meditation kommt, also dass dein Denken still wird und du nach innen gehst. Zwei Stunden reichen dabei völlig aus. Wenn du nur eine Stunde kannst, ist das besser als nichts. Nimm keinen Radio mit, und wenn möglich auch kein Handy. Geh einfach nur an einen Ort in der Natur, wo du dich wohlfühlst und wo du für dich allein bist. Am besten einen ebenen Weg, bei dem du dich nicht allzu sehr anstrengst.

Es geht dabei nicht um Sport, es geht nicht darum, eine gewisse Strecke in einer bestimmten Zeit zu schaffen. Nein, es geht um Langsamkeit, um bewusstes Abschalten, um ein Ankommen bei dir.

Wenn du los gehst, dann geh die ersten paar hundert Meter ganz bewusst sehr langsam – ca. um die Hälfte langsamer, als du normalerweise gehen würdest. Du wirst merken, wie dich das auf einmal herunterholt von der Hektik des Alltags. Geh also ganz langsam los und beobachte dich selbst dabei, wie es dir mit der Langsamkeit geht.

Kommst du zurecht damit? Kannst du es durchhalten, 500 m langsam zu gehen? Du wirst dann im Laufe der Zeit sowieso wieder etwas schneller werden, aber es soll grundsätzlich ein gemütliches, meditatives Tempo sein. Und wenn du nicht bewusst langsam startest, dann wirst du einfach loslaufen, und es wird nur eine Verlängerung deines hektischen Alltags werden.

Du kannst während dem Gehens deinen Körper beobachten, wie er automatisch vorwärtsgeht, Schritt für Schritt. Vielleicht hast du Lust, einmal verkehrt zu gehen – das ist auch eine gute Übung für mehr Achtsamkeit. Nimm die Natur rund um dich wahr, bleib ab und zu bewusst stehen und schau dich um. Du musst nicht immer gehen. Ein bewusstes Stehenbleiben und in die

Ferne schauen kann dir ein Gefühl der Verbundenheit geben mit allem, was dich umgibt. Du bist ein Teil dieses Universums, alles ist Leben, alles ist Gott. Wir sind alle eins in Gott, auch die Natur.

Versuche nun bei deiner Wanderung, deine Gedanken zu sortieren und wenn möglich, deine Gedanken loszulassen. Es wird dir vielleicht nicht gleich gelingen, in das Nichtdenken zu kommen. Aber es geht darum, dass du dir bewusst deine Gedanken anschaust und sie wenn möglich, zu Ende denkst, sodass du einen Gedanken nach dem anderen loslassen kannst.

Gedanken kehren nur deshalb immer wieder zurück, weil sie nicht bewusst transformiert wurden. Wenn du dir deine Gedanken bewusst machst und zu einem Ergebnis kommst, dann lösen sie sich auf. Sie drehen sich dann in deinem Kopf nicht mehr weiter im Kreis. Auch die unangenehmen Gedanken wollen bewusst angeschaut werden, auch da gibt es eine Lösung.

Deine Gedanken sind deine Gedanken. Sie gehören zu deinem Ego – zu deinem inneren Kind – zu deinem kleinen ICH. Sie wollen von dir beachtet werden, sie wollen deine Aufmerksamkeit, deine liebevolle Zuwendung. Du, als dein SELBST, hilfst deinem Verstand bei der Auflösung seiner Gedanken – bei der Bewältigung seiner Sorgen und Ängste –, indem du sie dir einfach bewusst anschaust. Es ist ein bewusstes Hineinfühlen und Beobachten, es ist kein Beurteilen und kein Verdrängen.

13.

Bei einer Wanderung allein,

kann ich meine Gedanken sortieren,

ich kann aufhören zu denken

und komme mir selbst näher.

Dein Gedankenzimmer aufräumen

Die folgende Übung möchte ich dir für den Abend ans Herz legen. Am Abend ist man meist zu müde für eine Meditation, und der Sinn und Zweck einer Meditation ist es nicht, einzuschlafen. Diese Übung ist aber eine gute Alternative zu einer Meditation und hilft dir, deinen Kopf freizubekommen. Besonders am Abend kann dies nicht schaden, weil wir danach meist auch besser schlafen.

Wenn du dich am Abend, nach der Arbeit oder nach einem bewegenden Tag, in Ruhe auf dein Bett setzt, werden noch einige Gedanken da sein, die dich bewegt haben. Dein Verstand muss die Geschehnisse des Tages verarbeiten. Nimm dich deiner Gedanken an. Es gibt Gedanken, die brauchen deine Beachtung, sie wollen fertig gedacht werden. Sie sind zu wichtig, um sie einfach zu ignorieren. Das können noch Gedanken sein, die mit deiner Arbeit zu tun haben, oder andere Gedanken. Es ist gut, diese Gedanken vor dem Schlafen gehen zu Ende zu denken und zu verarbeiten. Sie lösen sich dann auf – wir nennen es auch das bewusste Transformieren der Gedanken.

Gedanken kehren nur deshalb immer wieder zurück, weil sie nicht bewusst transformiert wurden. Wenn du dir deine Gedanken bewusst machst und zu einem Ergebnis kommst, dann lösen sie sich auf – sie werden transformiert. Auch die unangenehmen Gedanken wollen bewusst angeschaut werden. Auch da gibt es eine Lösung, und wenn es zurzeit keine Lösung gibt, dann ist die Lösung, dass du dir jetzt vornimmst, morgen die

Sache genauer anzuschauen. Mach dir vielleicht eine Notiz, damit du die Sache für heute abhaken kannst.

Oftmals ist die Lösung einfach die, dass es bloß ein Gedanke ist, der keine weitere Bedeutung hat. Du brauchst auch nicht jeden Gedanken zerlegen oder analysieren. Dein Verstand verarbeitet dein Leben in Form von Gedanken. Beobachte Sie einfach und gib ihnen nicht zu viel Bedeutung.

Nicht alle Gedanken, die dein Verstand denkt, sind falsch oder unwichtig. Durch das bewusste Beobachten und Anschauen deiner Gedanken kannst du selbst deine Gedanken aussortieren und selbst entscheiden, was ist unwichtig, bzw. worüber du noch genauer nachdenken möchtest.

Stell dir vor, in deinem Kopf ist ein Gedankenzimmer, indem alle Gedanken – wichtige und unwichtige – enthalten sind. Jetzt öffnest du die Tür dieses Gedankenzimmers und schaust dir deine Gedanken einmal der Reihe nach an, die da so herauspurzeln.

Es werden unwichtige Gedanken dabei sein, die nach kurzer Aufmerksamkeit sofort wieder weiterziehen. Aber es können auch Gedanken dabei sein, die dich noch beschäftigen und die noch mehr Aufmerksamkeit benötigen. Es ist wichtig, dies zu erkennen, denn genau diese Gedanken sind es, die uns dann nicht loslassen und immer wieder kommen. Denke deine Gedanken zu Ende, und wenn du jetzt nicht zu einer Lösung kommst, dann sage dir selbst, wann du dich darum kümmern wirst. Vielleicht gibt es eine Person, mit der du das

Gespräch suchen solltest, um eine gemeinsame Lösung herbeizuführen. Hacke einen Gedanken nach dem anderen so ab, bis es still wird in deinem Kopf, also bis dein Gedankenzimmer leer ist.

Sollte es unangenehme Gedanken geben, die du lieber nicht denken willst, dann wirst du vielleicht geneigt sein, sie zu verdrängen. Dazu möchte ich dir sagen, dass Gedanken zu verdrängen nicht die richtige Lösung ist, um mit der Sache fertig zu werden. Gerade das Verdrängen von Gedanken ist nämlich die Ursache, warum wir damit nicht fertig werden. Das klingt paradox, ist es aber nicht, wenn man das Prinzip der Gedanken kennt.

Gedanken sind geistige Energie, sie lassen sich nicht verdrängen. Vergleichen wir es mal mit der Materie – sie ist uns vertrauter. Stell dir vor, du willst etwas loswerden, z. B. ein Sack voller Müll. Du könntest jetzt in den Wald fahren und den Müll dort ablagern, aber damit bist du ihn nicht losgeworden. Im Gegenteil, als redlicher Bürger wirst du jetzt die ganze Zeit an den Müll im Wald denken. Womöglich hat dich jemand beobachtet und hat dich angezeigt. Du bekommst vielleicht mehr Probleme, als du vorher hattest. Du kannst also den Müll nicht verdrängen, sondern ihn nur richtig entsorgen. Die richtige Lösung wäre also gewesen, den Müll richtig zu entsorgen. Und genau das können wir mit unseren Gedanken auch machen.

Sobald du beginnst, Gedanken verdrängen zu wollen, werden sie immer wieder auftauchen, weil Gedanken sich eben nicht verdrängen lassen. Aber Sie lassen sich entsorgen oder transformieren. Bei den geistigen Energien heißt das entsorgen, transformieren.

Du kannst deine Gedanken transformieren, indem du sie ganz genau unter die Lupe nimmst. Ja, du hast richtig verstanden – du sollst genau das machen, was du eben nicht machen wolltest. Du wolltest sie verdrängen, also gar nicht anschauen, und jetzt erzähl ich dir, dass du sie ganz genau anschauen sollst. Genau, weil nur durch das ganz genaue Anschauen, durch das bewusste Wahrnehmen und Hinsehen, wirst du das Problem lösen, und die Gedanken werden sich auflösen, als hättest du sie entsorgt.

Warum wolltest du die Gedanken verdrängen? Ich vermute, du hattest Angst davor, oder sie sind dir sehr unangenehm. Doch das ist ein großer Irrtum. Der Irrtum ist, dass du glaubst, du hast Angst vor den Gedanken, oder die Gedanken sind dir unangenehm. Aber das stimmt doch gar nicht – ein Gedanke ist nur reine Energie. Diese Energie kann dir nichts anhaben und auch nicht unangenehm sein. Die Sache an sich kann dir unangenehm sein oder wenn du mit jemand darüber sprechen musst, aber das ist zurzeit nicht das Thema. Wir sind noch immer bei den Gedanken.

Indem du dir diesen Gedanken aber so genau wie möglich anschaust und fertig denkst, löst du den Gedanken auf, und er kommt nie wieder. Spüre den Gedanken richtig; wenn du Angst hast, spüre die Angst richtig. Wo sitzt die Angst? Warum ist sie da? Wovor hast du genau Angst? Frage dich auch, was kann im schlimmsten Fall passieren. Meistens ist es nicht so dramatisch, wie wir es uns ausmalen. Wenn du das Schlimmste, was passieren kann, akzeptieren kannst, ist die Angst auch schon weg.

Die Sache an sich, worum es geht, kann dir zwar Angst machen, aber es gibt nichts, was es nicht zu lösen gibt. Angst ist nur ein Gefühl. Es folgt den Gedanken deines Egos aufgrund falscher Überzeugungen.

Zurück zu deinen Gedanken.

Erst wenn du all deine Gedanken wahrgenommen und bearbeitet hast, wird es richtig still in dir. Dann spürst du ein Gefühl des inneren Friedens in dir. Spüre dieses Gefühl so lange wie möglich, bis du in den friedlichen Schlaf sinkst.

Du wirst dann eine friedlichere Nacht und einen besseren Schlaf haben.

Es wäre gut, wenn du diese Übung jeden Abend machst. Es geht dann viel schneller, in den Frieden zu kommen. Kontinuität ist der Schlüssel zum Erfolg.

14.

Wenn ich Angst habe

weiß ich, dass das mein Ego ist.

Ich überdenke die Situation und

stelle meistens fest,

die Angst war grundlos.

Die Vipassana Meditation

Jetzt wollen wir noch einen Schritt weiter gehen. Wenn du die formlose Meditation schon mehrmals gemacht hast und es tut dir gut, dann lade ich dich jetzt ein, die Vipassana-Meditation kennenzulernen.

Die Vipassana-Meditation ist eine der ältesten Meditationspraktiken aus Indien und wird seit über 2500 Jahren praktiziert und gelehrt. Sie wird auch als die Einsichtsmeditation bezeichnet.

Es ist erwiesen, dass regelmäßige Meditation gut für die geistige und körperliche Gesundheit ist. Ich persönlich habe das Meditationsprogramm von Jon Kabat-Zinn, das in seinem Buch „Gesund durch Meditation" vorgestellt wird, praktiziert. In Amerika wurde vielen seiner Patienten mit dieser Methode geholfen. Sie haben jeden Tag eine Stunde für einen Zeitraum von 2 Monaten meditiert. Ich persönlich habe die Vipassana-Meditation jeden Tag eine Stunde praktiziert, für einen Zeitraum von einem halben Jahr. Die positiven Auswirkungen habe ich direkt am eigenen Leib verspürt und sie waren sehr vielfältig.

Wenn du mit dem Meditieren noch nicht so vertraut bist, beginne vielleicht einmal mit einer halben Stunde und steigere dich dann jeden Tag um 5 Minuten, wenn es für dich passt.

Ich würde dir empfehlen, wenn möglich, dir am Vormittag die Zeit zur Meditation zu nehmen. Das hat den Vorteil, dass du ausgeruht bist und bei vollem Bewusstsein. Wenn du nicht jeden Tag Zeit für die Meditation hast, ist das auch okay, dann machst du sie halt nur zwei- bis dreimal die Woche. Höre dabei auf deine Intuition, ob und wie oft dir die Meditation guttut.

Bevor du mit der Meditation beginnst, gehe nochmals auf die Toilette. Es wäre schade, wenn du wegen einer Toilettenpause, abbrechen müsstest. Ich würde dir empfehlen, die Meditation im Liegen zu machen. Eine Stunde ruhig zu sitzen, kann sehr beschwerlich werden.

Lege dich also flach auf dein Bett, decke dich so zu, dass es dir nicht zu heiß wird. Sorge für absolute Stille: kein Handy, kein Besuch, einfach ungestört sein für die nächste Stunde. Du könntest auch den Raum verdunkeln und dir ein Tuch auf die Augen legen, so kannst du tiefer in die Meditation eintauchen.

Stelle dir den Timer deines Handys auf die Zeit, die du in der Meditation verweilen möchtest. So hast du die Gewissheit, dich ganz fallen lassen zu können, ohne an die Zeit denken zu müssen.

Lege dich also flach auf den Rücken, sodass es für dich bequem ist und du in dieser Position eine Stunde verweilen kannst. Beginne damit, ein paarmal tief durchzuatmen, und dann lass deinen Atem flach werden. Kümmere dich nicht mehr um das Ein- und Ausatmen. Dein Körper macht das ganz automatisch – du wirst sozusagen geatmet.

Du kannst dich jetzt ganz fallen lassen. Es gibt jetzt für die nächste Stunde nichts zu tun und nichts zu denken – einfach nur SEIN. Wenn es dir schwerfällt, alles loszulassen, oder es kreisen noch Gedanken in deinem Kopf, dann denke dir ein paarmal ganz bewusst: „Es gibt jetzt nichts zu tun, es gibt jetzt nichts zu denken." Beobachte deine Gedanken und sieh zu, wie sie nach und nach weiterziehen und du frei wirst von Gedanken.

Es wird immer wieder vorkommen, dass der eine oder andere Gedanke in deinem Kopf vorbeizieht, aber das macht nichts. Versuche dich nicht zu verkrampfen – es ist alles gut, so wie es ist. Das Wichtigste ist, das du bewusst wahrnimmst, was dir in der Stille begegnet. Wie fühlt sich die Stille für dich an? Ist es ein Ort des Friedens? Kannst du schon gut damit umgehen?

Verweile in der Stille ein paar Minuten und gehe danach mit deiner Aufmerksamkeit in deinen inneren Raum. Das ist der Raum in deiner Brustmitte. Dort sitzt dein spirituelles Herz, bzw. dein Herzchakra. Nimm dort die Stille in dir war. Richte deine Wahrnehmung nur auf dein inneres. Fühle dein Herz, deinen Atem und deinen Körper. Nach einiger Zeit solltest du ein kribbeln an deinen Händen wahrnehmen können. Fühle in deine Hände – spürst du dort ein Kribbeln? Dann ist das ein gutes Zeichen. Du beginnst deinen Geist zu spüren, der sich in jeder deiner Körperzelle befindet. Du spürst die hohe Schwingung die du in der Meditation erreichst. Dieses kribbeln kannst du mit zunehmender Übung, vielleicht am ganzen Körper spüren.

Wenn du z.B. irgendwelche körperliche Beschwerden hast, dann fühle in der Meditation genau dorthin, wo der Schmerz ist, und bleibe dort eine Zeitlang mit deinem Bewusstsein. Du lenkst damit die geistige, heilende Energie auf diese Stelle im Körper. Und der Heilige Geist, mit dem du dich in der Meditation verbindest, ist immer heilsam.

Unterschiedliche Empfindungen während der Meditation sind ganz normal. Manchmal wirst du ein sehr angenehmes Gefühl spüren – es wird dir warm ums Herz, oder du spürst die Freude und die Liebe in dir. Ein anderes Mal kannst du weniger spüren – das braucht dich nicht zu beunruhigen. Erwarte dir nicht zu viel direkt bei der Meditation.

Die positive Wirkung der Meditation hat man nicht unmittelbar, sondern erst danach. Verweile in der Meditation und beobachte einfach, was sich zeigt. Die Zeit, die du in der Meditation verbringst, ist eine Zeit bei Gott. Du bist sozusagen im Klassenzimmer der Liebe. Wenn dir die Stille unangenehm wird, kannst du dir auch in deinen Gedanken bewusst sagen, z.B.: „Ich danke dir lieber Gott, dass ich bei dir sein darf". Oder: „Ich danke dir lieber Gott, für deine Liebe".

Du kannst dir bei der Meditation vorstellen, als würdest du in deinem inneren Raum weiter in einen Tunnel gehen. So, als ob du immer tiefer in diesen Tunnel gehst, und damit dringst du in immer weitere Bewusstseinsebenen vor.

Die Vipassana Meditation

Du kannst dir auch vorstellen, du gehst durch diesen
Tunnel immer näher zu der Quelle des Lebens – immer
näher zu Gott. Du gehst jetzt immer tiefer in dich, in der
Hoffnung, Gott zu begegnen. Du spürst diesen Geist,
dieses Kribbeln, an deinem Körper. Du kommst Gott
sehr, sehr nahe und stellst dabei fest, dass genau dieser
Geist, den du da spürst, nicht mehr und nicht weniger ist
als Gott. Du kannst jetzt Gott in dir spüren, weil Gott
auch in dir ist – weil du dich öffnest für den Geist Gottes.

Bei einer sehr tiefen Meditation hatte ich schon mal ein
sehr emotionales Erlebnis, in dem Gott zu mir im Geiste
gesprochen hat. Gott sagte zu mir sinngemäß: „Ich
bestehe aus sehr, sehr vielen untrennbaren Teilen und
du bist auch ein untrennbarer Teil von mir". Ich musste
die letzten 10 Minuten der Meditation weinen, weil es
mich sehr berührt hat. Es ist schwer in Worte zu fassen.

Es kann während der Meditation auch vorkommen, dass
du den Impuls verspürst, die Meditation zu beenden.
Wenn du ungeduldig wirst, dann ist das vermutlich dein
Ego, das hier als dein innerer Antreiber fungiert. Dein
Ego möchte natürlich nicht, dass es still wird. Dein Ego
hat insgeheim Angst, dass es aufgedeckt wird, dass es
irgendwann nicht mehr dein zentrales ICH sein wird,
wenn du dein wahres ICH kennen gelernt hast – wenn
du zu Gott gefunden hast. Dein Ego will die Herrschaft
über dich behalten, und es wird dir eine mentale Stärke
abverlangen, dem Drang aufzuhören, zu widerstehen.
Aber es wird sich lohnen, glaube mir.

Wenn also nicht wirklich ein Grund besteht, die
Meditation abzubrechen, außer dass es dein Ego will,

dann zeig deinem Ego, dass du der Chef bist, und bleibe standhaft, bis die Zeit um ist.

Der Sinn und Zweck der Meditation ist es auch, dein Ego in den Griff zu bekommen. Du wirst sehr stark und gefestigt werden, wenn du als höheres ICH – als dein SELBST – stark bleibst und dein Ego in die Schranken weist.

Genau dieses Kräftemessen zwischen dir und deinem Ego ist das, was dir in weiterer Folge zu erkennen gibt, wer du wirklich bist. Es soll aber kein Kampf werden, sondern lediglich eine liebevolle Schulung deines Egos. Dies ist aber erst dann möglich, wenn du erkennst, dass du der Chef bist und nicht dein Ego.

Du sollst dein Ego erziehen und schulen, wie man ein liebendes Kind erzieht und schult. Du sollst dich durchsetzen durch dein Ego, von dem du lange Zeit geglaubt hast, dass es dein eigenes ICH ist. Du erkennst, wer du wirklich bist, indem du die Täuschung aufdeckst. Du bist der starke Geist, ein Teil des göttlichen Geistes. Weil Gott alles ist was lebt.

Dein Ego ist und war immer nur eine Illusion, eine Kunstfigur in deinem Verstand. Etwas, was glaubt, ein eigenständiger, von Gott getrennter Körper zu sein – die Täuschung deiner Selbst.

Dein Geist, der du bist – deine Seele – ist ewige göttliche Präsenz und weit mehr, als dein Ego je sein kann. Du bist ein individueller Ausdruck Gottes.

Ich habe dir jetzt alles gesagt, was es aus meiner Sicht, für eine erfolgreiche Meditation braucht. Wenn du bis zum Ertönen deines Timers meditiert hast, ist das ein schöner Erfolg – so sollte es sein. Beim Ertönen deines Timers springe nicht gleich auf, sondern beginne langsam, deine Finger zu bewegen, dann deine Hände, und danach erst greif zu deinem Handy und schalte es aus. Du kannst dann auch noch ein paar Minuten liegen bleiben, um einen sanften Ausklang deiner Meditation zu gewährleisten.

Grundsätzlich ist jede Meditation anders. Du wirst auch nicht immer alles machen können, was ich oben beschrieben habe. Es sind einfach Tipps, die du je nach Bedarf und Belieben machen kannst.

Ich wünsche dir gutes Gelingen.

15.

In der Meditation kann

ich mich selbst erkennen.

Die Begegnung mit meinem Ego,

ist eine Chance es zu

überwinden und der Beginn

es liebevoll zu schulen.

Warum Meditation?

Warum ist die Meditation so wichtig für dich, und was bewirkt sie in dir?

In der Meditation und durch die Meditation:

.) findest du den Zugang zur geistigen Welt, dies ist die Welt der Liebe und des Friedens.

.) findest du zu deinem höheren ich – deinem SELBST, und unterstützt damit deine Selbstfindung.

.) stärkst du dein Selbstbewusstsein, weil du dir deiner SELBST bewusst wirst.

.) gewinnst du mehr Selbstvertrauen, da du erkennst, dass Gott in dir ist, und dadurch lernst Gott zu vertrauen.

.) kommst du zur Selbsterkenntnis, weil du erkennst, wer du tatsächlich bist – ein individueller Ausdruck Gottes.

.) kannst du dein kleines ICH (Ego) aufgeben und kannst dich Gott zurückgeben (Wir nennen es auch die Hingabe).

.) unterstützt du deine geistige und körperliche Gesundheit.

.) kommst du Gott am nächsten und kannst dadurch eine Gotteserfahrung machen – die Erleuchtung.

.) steigst du die Bewusstseinsebenen empor, bist du allmählich bei der Liebe angekommen bist.

.) wirst du zum strahlenden Licht Gottes.

Durch die regelmäßige Praxis der Meditation wirst du eine Veränderung in dir erkennen. Wie oben beschrieben, wirst du die eine oder andere Erfahrung machen und kannst selbst entscheiden, ob es dir guttut und ob dies auch dein Weg ist.

Höre auf deine Intuition – sie wird dir sagen, ob und wann es Zeit ist für eine Meditation. Verstehe, dass mit zunehmender Meditation, dein Ego kleiner wird. Das bedeutet, es wird sich nicht mehr so oft zeigen und deine innere Stimme bzw. dein innerer Antreiber wird stiller werden. Deine individuellen Ego-Ausprägungen werden rückläufiger und das kann positive Auswirkungen für deine spirituelle Entwicklung, die sich unmittelbar in deinem Leben zeigen.

Es kann sein, dass du dich nicht mehr so um deinen Erfolg kümmerst wie bisher, weil dir der Erfolg oder das Geld nicht mehr so wichtig ist. Du beginnst, das Leben einfach so zu akzeptieren, wie es ist. Du wirst dir einfach weniger Gedanken machen und du wirst ein friedlicheres Leben führen. Es kann aber auch sein, dass du die eine oder andere Sache, die du bisher gerne gemacht hast, plötzlich nicht mehr brauchst, weil es für dich keinen Sinn mehr macht. Du erkennst, dass das Leben ein Spiel ist – eine Art Maskenball – und Gott verteilt die Kostüme.

Mit der Meditation verändert sich dein Leben. Es wird zu einem spirituellen Leben. Am Anfang schaut es nicht immer so aus, als ob es sich zum besseren ändert. Vor allem für die Außenstehenden scheint es, als ob alles zusammenbricht. Für die betroffene Person ist es jedoch die Befreiung – die Befreiung von einem Leben in Angst und Fremdbestimmung – die Befreiung vom Ego das aus der Angst geboren wurde. Es ist die Hingabe an Gott.

Das Licht Gottes, das schon immer in dir war, entfacht sich allmählich und beginnt zu strahlen.

Du wirst zum Licht der Welt.

16.

Die Meditation ist die

wichtigste spirituelle Praxis.

Durch sie bestimme ich,

wie sehr ich mich Gott

hinwenden möchte.

Die Meditation

eröffnet mir,

eine neue Welt.

Die Hingabe

Mit der Meditation machst du neue Erfahrungen. Du tauchst ein in die geistige Welt und beginnst zunehmend, ein spirituelles Leben zu führen. Du wirst neue Werte für dich entdecken, die dir bisher vielleicht fremd waren. Stille, Meditation, einfach SEIN werden einen neuen Stellenwert in deinem Leben einnehmen.

Je mehr du dich auf dieses spirituelle Leben einlässt, desto mehr gehst du auf Gott zu. Gott wartet auf dich, er möchte, dass du nach Hause kommst – aber nicht erst bei deinem sogenannten Tod. Ich meine das sinnbildlich. Du bist ein geistiges Kind Gottes. Wenn du mehr dieses geistige Prinzip lebst, dann ist das wie ein Nach-Hause-Kommen zu Gott.

Die Meditation ist die stille Hingabe an Gott. Du gibst dich Gott zurück.

Du kannst aber auch eine ganz bewusste Entscheidung treffen, in dem du Gott dein Leben in die Hand gibst. Es geht dabei darum, dein Ego loszulassen und du dich nur mehr von Gott – durch den Heiligen Geist, führen zu lassen. Das klingt zunächst wie eine Aufopferung oder ein Verzicht, aber das ist es nicht. Es ist ein Aussteigen aus deiner ICH-Identität, deinem kleinen Ich, deinem Ego. Es ist der Beginn eines Lebens, aus deinem höheren ICH, dass angebunden ist an die göttliche Führung.

In der Praxis kannst du das so machen, dass du in einem Gebet oder auch durch ein Schreiben Gott bittest, dich auf deinem weiteren Lebensweg zu führen. Es reicht aber natürlich auch ein geistiges Gebet. Gott braucht keine Worte und auch keine Zeilen – dein Wille, deine Entscheidung und deine Gedanken sind ausreichend. Es ist aber für dich vielleicht verbindlicher und bedeutungsvoller, wenn du das schriftlich machst.

Du findest sicher die richtigen Worte – höre auf dein Herz. Es sollte auf jeden Fall von deinem Herzen kommen und absolut ehrlich gemeint sein.

Wenn du das gemacht hast, beginnt dein Leben, eine neue Qualität zu bekommen. Lebe dein Leben dann ganz normal weiter, aber triff immer weniger Entscheidungen mit dem Kopf, sondern mit deinem Herzen, deinem Gefühl, deiner inneren Stimme, deiner Intuition. Die Intuition ist deine innere Stimme – die Stimme – die von Gott kommt. Manche nennen es auch das Bauchgefühl, obwohl es eigentlich dein Herz ist. Die höhere Führung wirst du deutlich wahrnehmen – sie ist deine innere Stimme. Sie fühlt sich sehr klar an, und es gibt darin keine Zweifel.

Gehe mutig deinen Weg. Lass die Angst beiseite – sie kommt aus dem Ego – und vertraue auf Gott.

Vielleicht wird sich dein Leben positiv verändern. Es wird darauf ankommen, was du dir vom Leben wünschst und wofür du dich entscheidest. Lass dich einfach überraschen. Gib das Beurteilen auf und nimm alles so, wie es kommt. Es gibt nichts Negatives – alles hat seinen Sinn, auch wenn du ihn momentan noch nichts erkennst. Das Leben meint es immer gut mit dir. Darauf solltest du vertrauen, wenn du dich der göttlichen Führung hingibst. Es ist jetzt die Zeit gekommen, dass WU WEI Prinzip kennen zu lernen.

17.

In der Hingabe an Gott,

lege ich mein Leben in die

Hände Gottes.

Ich gebe mein Ego auf

und lass mich vom

heiligen Geist

führen.

Das Wu Wei Prinzip

Das Wu Wei Prinzip kommt aus China und bedeutet „Handeln durch Nichthandeln". Es bedeutet, dass du die Dinge geschehen lässt, das Leben so annimmst, wie es ist. Du brauchst nichts beurteilen, alles hat seinen Sinn.

Das WU WEI Prinzip wird zu deinem Lebensprinzip, wenn du dich Gott hingibst. Du nimmst Abstand davon, alles kontrollieren zu wollen. Du wirst gelassener und toleranter. Du vertraust auf die höhere göttliche Ordnung und auf deine innere Führung. Du lässt dich hineinfallen in die Leichtigkeit des Lebens. Du wirst neugierig auf das Leben und darauf, was dir der neue Tag bringen mag. Du hörst auf zu planen und genießt das Leben von Moment zu Moment. Du hörst auf, ständig zu denken und zu grübeln. Stattdessen bist du im SEIN und genießt das herrliche Gefühl des Friedens in dir.

Das WU WEI Prinzip kann man auch bei kleineren Problemen anwenden. Wenn du einmal in eine missliche Situation kommst, dann reagiere nicht gleich darauf. Denke nicht aktiv mit deinem Verstand nach, was die Lösung sein könnte, sondern warte einmal ab. Sofern es sich nicht um eine lebensbedrohliche Situation handelt, greife nicht aktiv ein, sondern warte, was passiert. Gib die Lösung in de Hände Gottes.

Innerhalb von 24 Stunden wird vermutlich folgendes passieren: Entweder hat sich das Problem von selbst gelöst, oder du hast einen guten Einfall, der dir die Lösung aufzeigt. Es kann auch sein, dass für dich jemand anderer das Problem gelöst hat. Wie auch immer sich das Problem löst – das Leben hat für dich gearbeitet.

Wenn du nicht mit deinem Verstand eingreifst, lässt du Gott – dem Heiligen Geist – mehr Raum zu arbeiten. Die Lösung ist mit Sicherheit die beste für alle Beteiligten. Du lässt die Dinge einfach geschehen.

Auch in zwischenmenschlichen Beziehungen kann man das WU WEI Prinzip oft anwenden. Wenn du Ärger mit jemanden hast oder jemand etwas sagt, das dir nicht gefällt, dann überhöre es zunächst. Wenn du auf einen Angriff sofort reagierst, wirst du vermutlich auch kein nettes Wort für den anderen übrighaben. Ein Wort ergibt das andere, und sehr oft ist ein Streit entfacht oder die Stimmung ist getrübt. Wenn du auf ein negatives oder beleidigendes Wort einmal nicht reagierst und es einfach bewusst überhörst, wird erst mal gar nichts passieren. Dein Gegenüber wird wahrscheinlich überrascht sein über deine Nicht-Reaktion und wird es schon bald bleiben lassen. Zu einem Streit gehören immer zwei.

Auch in einem Verkaufsgespräch oder bei Verhandlungen kann ein bewusstes Überhören von Einwänden wirksam sein. Auch ich habe im Verkauf gearbeitet, und zu meiner Spezialität gehörte es stets, Einwände einfach zu überhören, obwohl ich noch gar nicht das WU WEI Prinzip kannte.

Handeln durch Nichthandeln heißt, dass du mehr vertrauen hast in den heiligen Geist als in dein Ego. Der Heilige Geist oder die universelle, göttliche Intelligenz überlässt nichts dem Zufall. Wenn Dinge geschehen, hat das seinen Grund, und so wie sie geschehen, werden sie auch wieder gelöst. Du brauchst dich da nicht immer einzumischen.

Um das WU WEI Prinzip erfolgreich anzuwenden, ist es erforderlich, bewusster zu werden. Schneller zu denken, aber langsamer zu reden und zu reagieren. Es ist auch ein Grundvertrauen in das Leben erforderlich. Ein Vertrauen, das alles gut ist und gut wird. Es ist auch wichtig auf deine innere Stimme zu hören. Es geht darum, dass du nicht durch Denken zu einer Lösung kommst, sondern auf die Lösung wartest. Sie wird kommen, und wenn du ohne nachzudenken plötzlich einen Impuls bekommst, etwas zur Lösung beizutragen, ja dann tue es.

Grundsätzlich gehört es zu deiner spirituellen Entwicklung, zu lernen, auf deine innere Stimme – deine Intuition – und auf dein Herz zu hören. Weniger denken, mehr Intuition ist gefragt. Durch die regelmäßige Meditation bekommst du einen guten Draht zur geistigen Welt – zum Heiligen Geist – zu Gott. Dadurch entwickelst du auch Vertrauen in die Hilfe Gottes und entwickelst auch einen bessere Intuition.

18.

Beim WU WEI Prinzip,

löse ich Probleme nicht mit

meinem Verstand,

sondern ich vertraue,

auf die universelle,

göttliche Intelligenz.

Alles Liebe

Wenn du nun begonnen hast, dich von der Identifikation mit deinem Ego zu lösen, dann erkennst du allmählich, dass du ein Teil von Gott bist. Weil Gott ist alles was lebet – das allumfassende Bewusstsein und die Liebe.

Gott ist alles was ist – und alles ist die Liebe.

Ein weiterer Schritt in deiner spirituellen Entwicklung ist, die Liebe zu leben – Liebe zu sein. Letztendlich ist Liebe eine Bewusstseinsebene mit einer sehr hohen Schwingung. Dein Ziel sollte sein, deine eigene Schwingung zu erhöhen. Das heißt die Bewusstseinsebenen hinaufzuklettern, sodass du allmählich selbst zur Liebe wirst. Durch bewusste Selbstliebe, Meditation und Geistesschulung wird dies möglich.

Beginne, die Welt mit den Augen der Liebe zu betrachten. Wenn ich sage „die Welt", dann meine Ich alles, wirklich alles: auch deine negativen Gedanken, deine Ängste, deine grantigen Nachbarn, die Unordnung im Zimmer deiner Kinder, das Regenwetter und vor allem auch dein Ego – also dich selbst als Person – einfach alles.

Du hast immer zwei Möglichkeiten, auf die Welt, auf die Menschen, auf deine Probleme oder Umstände zu schauen. Du kannst sie mit den Augen deines Egos betrachten, dann wirst du Gedanken der Minderwertigkeit, der Angst, der Missgunst, der Eifersucht, des Grolls, des Hasses, etc. haben. Oder du betrachtest die Sache mit den Augen der Liebe.

Alles Liebe

Um die Welt mit Liebe zu betrachten, ist es einmal
notwendig, dich selbst zu lieben. Selbstliebe ist der
Schlüssel, um Liebe zu geben und um selbst zur Liebe
zu werden. Aber wie geht Selbstliebe?

Wenn du beginnst, in deinem höheren Ich zu sein, dann
weißt du, dass dieses kleine Ich – dein Ego, das denkt
„ich bin nicht wertvoll genug" – nicht du bist. Du bist
dieses Ego nicht; das ist deine Ich Vorstellung, die sich
mit deinem Körper identifiziert. Du, als dein höheres ICH
– als dein SELBST – darfst jetzt beginnen dein Ego zu
erziehen, zu beschützen, zu trösten und vor allem zu
lieben. Daher das Wort „Selbstliebe" – du als dein
SELBST liebst dich – dein Ego. Denn die Liebe braucht
immer dein Ego – dein kleines Kind in dir. Dein Selbst
braucht keine Liebe – es ist Liebe.

Du bist jetzt Mensch, das heißt, du bist jetzt ZWEI.

Du bist in deiner Essenz reiner Geist, das ist dein
wahres und ewiges ICH – dein Selbst. Als Mensch hast
du aber auch einen Körper mit einem Ego, das glaubt,
ein von Gott getrenntes Individuum zu sein – das ist dein
kleines Ich. Mit deiner Inkarnation hast du eine neue
Identität – ein zweites Ich bekommen. Dein Ego, von
dem du bisher geglaubt hast, es sei dein echtes und
einziges Ich.

Je nachdem, wie deine Eltern waren und wie du erzogen
worden bist, hast du viel Liebe oder weniger Liebe in
deiner Kindheit erfahren. Wenn du das Gefühl hast, von
deinen Eltern nicht oder nur wenig geliebt worden zu
sein, dann mach dir bewusst, das deine Eltern, so wie
viele andere Menschen, ein Leben im Ego leben. Sie

haben bei ihren Eltern nichts Besseres vorgelebt bekommen, und sie haben es in deiner Erziehung auch nicht besser gewusst. Es ist wichtig, dass du deinen Eltern alles verzeihst, falls du dich nicht oder zu wenig geliebt fühlst. Mach dir bewusst, dass sie bestimmt das Bestmögliche für dich gemacht haben, das für ihre Situation möglich war. Ich kenne keine Eltern, die ihren Kindern absichtlich nicht die Liebe schenken, die sie geben können. Wenn es zu wenig ist, dann hat das meist seine Gründe und liegen überwiegend im Verborgenen.

Wenn wir erwachsen werden und uns von unseren Eltern abnabeln, werden wir für uns selbst verantwortlich. Das betrifft auch die Liebe. Wir können für unser Gefühl, nicht genug Liebe zu erfahren, nicht ewig unsere Eltern, oder jemanden anderen zur Verantwortung ziehen. Wir müssen auch hier Selbstverantwortung übernehmen.

Selbstliebe bedeutet, dich so anzunehmen und zu lieben, wie du eben bist, ohne Wenn und Aber. Du allein bist es dir schuldig dich bedingungslos zu lieben – das kannst du von keinem anderen erwarten. Die Erwartung, von jemand anderen geliebt zu werden, macht dich unglücklich, abhängig und kann in den meisten Fällen nicht erfüllt werden. Zuerst musst du dich in dich selbst verlieben, voll und ganz dich so annehmen, wie du bist. Denn du hast mit dir – mit deinem Körper – eine Beziehung, die untrennbar ist, bis zu dem Tode deines Körpers – bis du deinen Körper wieder verlässt.

Die partnerschaftliche Liebe ist eine wunderbare Sache, aber sie ersetzt deine Selbstliebe nicht. In vielen

Partnerschaften herrscht nicht Liebe, sondern Leidenschaft, Erotik, oder emotionale, bzw. wirtschaftliche Abhängigkeit. Wenn man jemand braucht, um glücklich zu sein oder um sich geliebt und wertvoll zu fühlen, dann ist das keine Liebe – das ist eine Abhängigkeit. Eine echte Liebe zu einem anderen Menschen setzt Selbstliebe voraus. Nur wenn du dich selbst liebst, gehst du über vor Liebe und kannst sie an andere weiter schenken. Echte Liebe verlangt nichts zurück, sie liebt der Liebe wegen.

Wenn du dich selbst echt liebst, dann bist du auf die Liebe anderer nicht angewiesen. Du fragst gar nicht danach; es interessiert dich nicht ob dich jemand liebt, oder nicht. Denn Liebe ist in erster Linie etwas, das man gibt und nicht nimmt, und das ganze fängt bei deiner Selbstliebe an.

Es ist auch nicht der Sinn des Lebens, von jemand anderen geliebt zu werden. Sondern es ist so vorgesehen, dass du dir selbst am nächsten bist – dass jeder sich erstmal selbst liebt. Von jemand anderen zu erwarten, dass er oder sie dich liebt, ist eine naive und unreife Haltung.

Du selbst sollst dich lieben, und wenn du das bedingungslos machst, dann kannst du auch andere lieben. Dann bist du Liebe. Das macht dich wirklich unabhängig und ist ein ganz wertvoller Schritt auf deinem spirituellen Weg.

Selbstliebe wird oftmals mit Egoismus verwechselt, meistens von Menschen, denen es an Selbstliebe mangelt. Doch es sei dir gesagt: Echte Selbstliebe hat nichts mit Egoismus zu tun. Wenn du einen Egoisten kennst, dann weißt du wahrscheinlich, dass das jemand ist, der nur auf seinen eigenen Vorteil bedacht ist, der anderen Unrecht tut, sie ausnutzt, oder unterdrückt, beleidigt oder gar physisch oder psychisch misshandelt. Das hat mit Selbstliebe wahrlich nichts zu tun. Das ist ein Mensch, dem es an Selbstliebe mangelt und der nach Liebe dürstet. Er ist sehr stark in seinem Ego, und von der Bewusstseinsebene Liebe noch sehr weit entfernt. Diesen Mangel an Liebe versucht er mit anderen Mittel aufzufüllen, was natürlich zum Scheitern verurteilt ist, denn Liebe lässt sich durch nichts ersetzen.

Wenn du dich selbst liebst, dann bist du weit weg vom Egoismus. Dann gehst du selbstbewusst deinen Weg, ob da jemand anderer mitgeht oder nicht, ist für dich nicht mehr wichtig. Du brauchst keinen anderen mehr, du genügst dir Selbst.

Du nimmst auch keine Opferrolle mehr ein oder lässt dich unterdrücken. Du behandelst dich so – oder zu mindestens nicht schlechter –, wie du deinen besten Freund behandelt würdest. Du verurteilst dich nicht mehr und hast aufgehört, dich selbst zu verletzen.

Erst dann beginnst du, wirklich zu lieben: die anderen Menschen, die Natur, das Leben – einfach alles. Dazu gehört auch, dass du für Gerechtigkeit einstehst, dich um andere annimmst, niemanden unterdrückst, nichts nimmst, was nicht dir gehört. Du drängst dich nicht mehr in den Mittelpunkt, machst dich nicht wichtig auf Kosten anderer oder bereicherst dich an jemandem.

Wenn du dich selbst wirklich liebst – bist du am in die Liebe – am besten Weg bei Gott anzukommen .

Suche die große Liebe nicht im Außen, sondern sei dir selbst die größte Liebe. Das macht dich unabhängig und frei. Die romantische Liebe ziehst du dann automatisch an, wenn es für dich so vorgesehen ist. Deine Selbstliebe wirkt anziehend auf potentielle Liebespartner.

Du – dein SELBST – dein höheres Ich, bist Teil von Gott. Gott ist in dir – Gott liebt dich. In der Selbstliebe liebst du als dein SELBST dein Ego. Nur dein Ego braucht die Liebe, es fühlt sich von Gott getrennt, weil es sich als materieller Körper wahrnimmt.

Je mehr du in dein Selbst kommst, desto mehr kannst du dich – dein Ego – bedingungslos lieben. Wenn du dich noch nicht bedingungslos lieben kannst, ist das ein Zeichen das du noch ein starkes Ego hast und dich mit deinem Ego identifizierst.

Deine Selbstliebe sollst du nicht von Äußerlichkeiten abhängig machen. Dein Körper ist nur deine Maske, und jede Maske schaut nun mal anders aus. Du musst dich einfach lieben, weil du ein individueller Ausdruck Gottes bist. Auch deine Maske – dein Körper – ist ein individueller Ausdruck Gottes. Sie ist die Sichtbarmachung dieses Ausdrucks und dein Lern- und Ehrfahrungsinstrument. Jeder Mensch ist ein individueller Ausdruck Gottes. Wir müssen diesen Ausdruck Gottes, einfach dankbar so annehmen, wie er ist. Dein Körper ist nicht veränderbar, nur deine Einstellung zu ihm ist veränderbar.

19.

In der Selbstliebe,

liebt mein Selbst,

mein Ego – meine Person,

also mein kleines ICH.

Erst die Selbstliebe,

macht echte Liebe

möglich.

Sei dir selbst der beste Freund

Bei deiner Inkarnation, also bei deiner Menschwerdung, hast du eine zweite Identität bekommen. Du bist jetzt ZWEI. Du hast neben deinem geistigen Dasein, also deinem höheren ICH, dass du schon immer bist, einen materiellen Körper dazu bekommen.

Weiters hast du zu deinem Bewusstsein einen Verstand dazu bekommen, der auch dein Ego beinhaltet. Wir nennen es dein kleines ICH, weil es nichts Göttliches hat und weil es endlich ist. Es stirbt wieder mit deinem Körper.

Wenn du ein Bewusstsein dafür entwickelst, dass du nicht dein Körper bist und auch nicht dein Ego, sondern das höhere ICH, das ewiges Leben ist, dann ist das ein ganz anderer und neuer Zugang zu deinem Leben.

Am leichtesten fällt es dir, dieses Bewusstsein zu entwickeln, wenn du still wirst und bewusst deine Ego-Gedanken beobachtest. Du kannst dann die Erfahrung machen, dass diese Gedanken wie automatisch in deinem Kopf ablaufen – sie laufen wie ein Film ab und du bist der Beobachter. Du entwickelst ein Zeugenbewusstsein.

Du kannst dein Ego – dein kleines Ich – wie dein inneres Kind betrachten. Es fühlt sich klein und hat meist Angst, weil es sich von Gott getrennt wahrnimmt.

Wenn du in dein höheres ICH kommst, kannst du erkennen, dass diese Gedanken zwar in dir sind, aber nicht aus deinem wahren ICH kommen. Du kannst über dein Ego-denken hinausgehen und es einfach als das akzeptieren, was es ist: nämlich das unbewusste Denken deines Egos. Statt dich weiterhin mit diesen Gedanken zu identifizieren, nimmst du sie einfach wahr und beginnst, dein eigenes bewusstes Denken zu glauben. Du kannst deinem Ego die Erlaubnis geben, mit dem Denken aufzuhören, denn es weiß nicht wirklich, wer du bist und was die Wahrheit ist. Du kannst dein Ego auch beruhigen, indem du ihm sagst: „Ich bin bei dir, dir kann nichts geschehen. Ich bin dein Freund, ich gehe mit dir durch dick und dünn". Und genau das machst du auch. Du bist der ständige Begleiter deines Egos, deines kleinen Ichs, bis zu seinem Tod.

So kannst du als „höheres ICH" mit deinem „kleinen Ich" tatsächlich eine Freundschaft eingehen. Das klingt zunächst wahrscheinlich komisch, ist es aber nicht. „Sei dir selbst der beste Freund" beschreibt genau diese Freundschaft. Für eine Freundschaft gehören immer zwei dazu. In dem Fall sind das dein höheres SELBST und dein kleines ICH.

Wenn du beginnst, mit deiner inneren Stimme – also deinem EGO – zu reden, dann bist du auch automatisch in deinem höheren ICH. Wir nennen es auch „Selbstgespräche führen", wobei du gar nicht dabei reden musst. Es reicht, wenn du in deinem Gedanken mit deinem Ego sprichst. Das hat also auch den Vorteil, dass du immer mehr erkennst, wer du wirklich bist, und dich von der Identifikation mit deinem Ego, löst.

Viele Menschen führen Selbstgespräche, aber auf sehr unbewusst Weise. Sie plappern oft nur das nach, was ihr Ego denkt, und machen sich dabei oft selbst herunter.

Sei dir selbst der beste Freund

Es ist also wichtig, dass du diese Selbstgespräche bewusst machst und liebevoll und fürsorglich mit dir sprichst – so, wie eine Mutter oder Vater mit seinem geliebten Kind reden würde.

Ich würde dir wirklich empfehlen, eine gute Beziehung zu dir, also zu deinem kleinen ICH, zu pflegen. Wie pflegt man gute Beziehungen? Man verbringt natürlich Zeit miteinander. In diesem Fall ist das Zeit mit dir allein. Wenn du Zeit mit dir allein verbringst, wird es sich nicht vermeiden lassen, dass du dir selbst näherkommst.

Viele Menschen vermeiden es, Zeit mit sich allein zu verbringen. Das liegt daran, dass sie sich noch mit ihrem Ego identifizieren. Dadurch fühlen sie sich einsam, verlassen, ungeliebt und klein. Es fehlt ihnen die Kenntnis – das Bewusstsein – darüber, wer sie wirklich sind, und die Bereitschaft dies zu glauben und zu erfahren. Und genau dazu ist aber auch das allein sein wichtig.

Nur im allein Sein kannst du dir selbst begegnen.

Verbringe jeden Tag mindestens eine Stunde allein, aber sei wirklich bei dir, schenke deinem Inneren Aufmerksamkeit. Dein Ego, das sich allein fühlt, ist in deinem inneren Raum. Lenke dich also nicht ab, sondern gehe in dich, fühle in dich hinein – dein Ego will wahrgenommen werden, sowie eine geliebte Partnerin wahrgenommen werden will.

Wenn du allein bist und dich mit Laufen, Fernsehen oder mit Computerspielen ablenkst, dann ist das nicht das, was dein Ego braucht. Dann nimmst du dich selbst nicht wahr.

Beginne eine echte Liebesbeziehung mit dir – mit deinem Ego, mit deinem Körper. Verwöhne dich selbst, du dir etwas Gutes. Ob das ein gutes Essen ist oder einfach nur ungeteilte Aufmerksamkeit, hängt ganz von deinem Befinden ab. Sei auch zärtlich zu dir, verwöhne dich selbst. Dazu gehören auch Streicheleinheiten und evtl. eine Massage mit einem feinen Massageöl. Nimm dir Zeit dafür, genieße es, dich selbst zu lieben – ohne Zeitdruck, mit vollem Herzen. Schau, wie schön du bist, betrachte dich mit liebenden Augen.

Du bist etwas ganz Besonderes, und vor allem: Du bist dir selbst am nächsten. Nimm einmal einen Handspiegel und schau dir selbst 15 min in die Augen. Du sollst dich dabei nicht kritisch unter die Lupe nehmen oder dich selbst beurteilen, sondern dir einfach näherkommen. Mach dir gleich selbst dabei eine Liebeserklärung. Wenn du dich selbst liebst, wirst du auch für andere attraktiver.

Wenn du gelernt hast, Zeit mit dir allein zu verbringen, dann bist du schon ein ganzes Stück voran gekommen auf deinem spirituellen Weg. Der nächste Schritt ist dann, dass du es liebst, Zeit mit dir allein zu verbringen. Dann ist es keine Bürde mehr oder ein Sich-aushalten-Lernen, sondern eine echte Freude, allein zu sein. Dann bist du am besten Weg, dich selbst zu finden. Du suchst dann förmlich das Alleinsein, du genießt es, nur mit dir zu sein. Es ist eine wunderbare Zeit. Du ziehst das Alleinsein vor – das heißt nicht, dass du keine Gesellschaft mehr magst, aber du brauchst sie nicht ständig.

Sei dir selbst der beste Freund

Du bist dein bester Freund geworden, wenn du beim Alleinsein keine Spur mehr von Einsamkeit empfindest, sondern es wirklich genießt.

Alleinsein hat eine ganz besondere Qualität, die man erst mal erfahren muss. Du musst dabei nicht Zeit in der Öffentlichkeit verbringen. Mach einen Spaziergang in der Natur, gehe in den Wald, gehe Radfahren. Mach es dir einfach zuhause gemütlich und genieße deine Me-Time.

Du kannst dich nur dann selbst finden, wenn du Zeit mit dir selbst verbringst. Du erfährst nach und nach, dass du nicht allein bist, weil Gott immer bei dir ist. Dieser Eindruck, dass Gott immer bei dir ist, unterliegt einer Wandlung. Du erkennst allmählich, dass du ein Ausdruck Gottes bist und dass du als dieser Ausdruck Gottes, Zeit mit deinem kleinen ICH – mit deinem Ego – verbringst.

Du transformierst dein Bewusstsein auf höhere Ebenen. Du kommst in die Liebe – du bist am Weg zu deiner Befreiung.

20.

Mir selbst,

mein bester Freund zu sein

bedeutet, die Zeit mit mir

allein zu genießen

und dabei keine Einsamkeit

zu verspüren.

Alleinsein

Ich möchte hier nochmal auf das Alleinsein eingehen.

Dies soll keine Werbung für ein Singleleben sein, ich möchte nur darauf aufmerksam machen, dass du dich nur im Alleinsein dir selbst bzw. Gott zuwenden kannst.

Wenn du ständig jemand um dich herum hast, wird es dir schwerfallen, Zugang zu dir selbst zu finden. Man kann auch in einer Partnerschaft darauf schauen, dass man Zeit für sich allein hat. Wenn es dir leichtfällt, allein zu sein, und du viel Zeit allein verbringst, hast du den Vorteil, dass du jederzeit meditieren kannst.

Für jemanden, der am Weg ist, sich selbst zu finden, der sucht die Stille und genießt die Zeit allein und die Meditation. In dieser Lebensphase kann ein Partner sogar störend sein. Man muss es sich dann gut einteilen, wie viel Zeit man allein und wieviel man mit seinem Partner verbringen möchte. Nicht jeder Partner hat dafür Verständnis, wenn man plötzlich mehr Zeit für sich allein haben möchte. Alleinsein ist in dieser Phase das Beste, was dir passieren kann, und es kann sein, dass man beginnt, sich stark zurückzuziehen. Ich spreche hier aus eigener Erfahrung.

Sollte dies der Fall sein und man lebt in einer Partnerschaft, ist es gut, wenn man gewarnt ist. Ein offenes Gespräch mit deiner Partnerin wäre in diesem Fall sinnvoll und unbedingt notwendig, um deine Partnerin in deinen spirituellen Prozess einzuweihen.

Eines ist ganz sicher: Ab einem gewissen Fortschritt auf deinem spirituellen Weg kennst du das Gefühl der

Einsamkeit nicht mehr. Das liegt daran, dass du dich immer mehr mit Gott verbunden fühlst. Du bist am Weg zu Gott, du gehst direkt auf ihn zu, und er empfängt dich mit offenen Armen.

Diese Verbindung entsteht in deinem Inneren und verändert dein Denken und Fühlen – in Bezug auf dich selbst und in Bezug auf das Miteinander mit anderen Menschen. Du gehst jetzt eine echte Verbindung mit dir – mit Gott – ein. Du findest dich nicht nur selbst, sondern du findest Gott. Du begreifst irgendwann, dass dies keinen Unterschied macht, denn du bist ein Teil von Gott. Du wirst vollkommen; das Weibliche und das Männliche verbindet sich in dir – es ist ein göttliches Phänomen.

Dies ist ein Bewusstseinsprozess, denn du nicht mehr aufhalten kannst, und du wirst ihn auch nicht aufhalten wollen. Denn du merkst, dass du mit diesem Prozess auch immer glücklicher wirst, weil du ankommst – dort ankommst, wo du schon immer ankommen wolltest: bei Gott. Du findest zu Gott zurück, du gibst dich im wahrsten Sinne des Wortes, Gott zurück – du erwachst, du erleuchtest.

Wenn du einmal die Verbundenheit in dir spürst, wird Alleinsein zum „All-eins-sein", weil wir alle eins sind.

21.

Auf meinem spirituellen Weg,

ist das Alleinsein immer wieder ein Thema.

Im Alleinsein erkenne ich mich selbst,

es ist die schönste Erfahrung,

die ich machen kann.

Alleinsein hat eine ganz

neue Bedeutung für mich

bekommen.

Eigenschaften der Liebe

Die Liebe ist die stärkste Energie und gleichzeitig der alles umfassende Geist, den wir Gott nennen. Gott ist die Liebe, und Gott ist alles was ist.

Es geht jetzt darum, zu erkennen, wie du selbst wieder zur absoluten Liebe werden kannst, wie du die Bewusstseinsebenen empor steigst und wieder zu dem wirst, aus dem du hervor gegangen bist. Du bist aus dem Göttlichen gekommen, und du bist selbst Liebe. Dieser Umstand wird aber überschattet durch das Vorhandensein deines Egos und durch die Übermacht deines Egos. Deshalb ist es so wichtig, dein Ego zu erkennen und es nicht als dein wahres Ich zu identifizieren. Erst dann wirst du wieder zum Göttlichen, zu der Liebe, die du schon immer warst. Du musst dich nur der Liebe hingeben – mit allem was du hast, mit allen Möglichkeiten, die dir die Liebe anbietet. Dazu gehören unter anderem, wie ich schon ausführlich erwähnt habe, die Selbstliebe.

Doch es gibt mehrere Formen und Eigenschaften der Liebe, auf die ich hier eingehen möchte. Dazu gehört auch die Geduld, die Langsamkeit, die Achtsamkeit, die Akzeptanz, die Rücksicht, das Verständnis, die Leichtigkeit, die Neugier, das Interesse, die Hilfsbereitschaft, die Fürsorge, der Humor, die Freude, die Zärtlichkeit, die romantische Liebe und die körperliche Liebe.

In all diesen Bereichen haben wir die Möglichkeit, die Liebe zu sehen und in der Liebe zu sein. All diese Eigenschaften sind Ausdruck der Liebe. In jeder dieser

Eigenschaften der Liebe, können wir uns noch nach oben bewegen, können wir über uns hinauswachsen. Meist wissen wir selbst am besten, wo wir noch mehr Potential haben.

Geduld ist mein Thema gewesen, das mich beschäftigt hat – ich hatte so meine Probleme damit. Aber mit zunehmender Bewusstheit und Selbsterkenntnis, kann man lernen, sich in Geduld zu üben. Die Meditation hilft dabei ganz bestimmt. Es ist auch ganz einfach, sich in alltäglichen Situationen in Geduld zu üben. Meistens sind es immer wieder die gleichen Situationen, in denen es uns an Geduld fehlt. Genau hier können wir ansetzen. Immer wenn du ungeduldig bist und du dich dabei ertappst, beobachtest du dein Ego. Das ist gut so, denn wenn du in der Beobachtung bist, bist du in deinem höheren ICH. Von hier aus kannst du ganz bewusst entscheiden, genau jetzt etwas geduldiger zu sein und dein Ego zurückzunehmen.

Ähnlich ist es mit der Langsamkeit. Wenn du dich dabei ertappst das du schon wieder Stress machst, dann versuche, dich bewusst zurückzunehmen. Man kann sich an die Langsamkeit gewöhnen – es dauert nur ein bisschen. Je bewusster du wirst, desto langsamer, kannst du auch werden. Langsamer ist grundsätzlich besser, weil bewusster. Versuche einmal, bewusst langsam mit dem Auto zu fahren. Es ist wunderbar und sicherer. Auch beim Lesen ist Langsamkeit angebracht. Wenn du um die Hälfte langsamer liest, wirst du merken, um wie viel bewusster du liest und um wie viel mehr dein Herz dabei ist. Halte zwischen den Zeilen inne, spüre die Liebe zwischen den Worten. Es ist eine ganz andere Qualität zu lesen.

Dann sind wir auch schon bei der Achtsamkeit. Hier gehört die Geduld und Langsamkeit dazu. Geh doch einmal spazieren und bleibe immer wieder stehen. Schau dich um, bewundere die Blumen am Wegesrand, rieche daran und erfreue dich ihres Duftes. Schau in die Ferne – hast du diese wunderschönen Berge schon gesehen? Achtsamkeit ist das Anhalten der Zeit, die Aufmerksamkeit auf den Moment, die Schönheit des Augenblicks.

Die Akzeptanz hilft dir, in die absolute Liebe zu kommen. Es bedeutet, die Dinge – das Leben, die Situationen, die Menschen – so zu akzeptieren, wie sie eben sind, ohne Wenn und Aber. Wenn du aufhörst, etwas zu beurteilen, dann akzeptierst du es so, wie es ist. Es ist einfach so, wie es ist, auch wenn du es für negativ hältst. Im Grunde genommen gibt es nichts Positives und nichts Negatives. Erst in unserem Geist beurteilen wir die Dinge, und aufgrund unserer Urteile ist etwas schlecht oder gut – und demnach fühlen wir uns dann auch so. Die vermeintlich negativen Dinge haben meist etwas Positives, nur wir erkennen es zurzeit noch nicht. Wenn wir beginnen, Gott zu vertrauen, dann wissen wir, dass alles seinen Sinn hat, so wie es ist. Wir nehmen es an, wir akzeptieren das Leben, wir lieben es.

Damit sind wir auch schon bei der Rücksicht und dem Verständnis. Für die Rücksicht und das Verständnis braucht es schon eine gewisse psychische und spirituelle Reife, gepaart mit Liebe. Wenn du für jemanden Verständnis haben möchtest, dann musst du wissen, dass dein Gegenüber meist aus dem Ego heraus handelt und agiert, indem er gefangen ist. Wenn es jemandem schlecht geht, er krank ist oder Probleme hat, dann fällt es uns leicht, Verständnis zu zeigen. Aber wenn uns jemand angreift, uns unrecht tut oder uns in irgendeiner Weise verletzt, dann ist erst recht dein Verständnis gefragt. Dein Ego wird sich angegriffen fühlen, und natürlich spürst du das und möchtest gleich zurückschlagen, wie du es immer gemacht hast. Dann ist es die große Kunst, zurückzutreten, über dein Ego hinauszuwachsen, deine eigene Reaktion und Emotion zu zügeln und auf den anderen mit Verständnis und Ruhe zu reagieren – in dem Wissen, dass dein Gegenüber aus seinem Ego handelt, vielleicht selbst verletzt ist oder einfach nur einen schlechten Tag hat.

Verständnis zu zeigen ist wahrlich eine große Kunst, vor allem in schwierigen Situationen. Es ist das Verständnis mit deinem Gegenüber aber auch das Verständnis mit dir selbst und mit deinem eigenen Ego erforderlich. Auch das braucht Verständnis, und du wirst öfter in Situation kommen, in denen du Verständnis mit deinem eigenen Ego brauchst. Wenn du begonnen hast, dein eigenes Ego zu beobachten und zu begreifen, dass diese Instanz in dir nicht dein SELBST ist, dann kannst du verständnisvoll auf dein Ego einwirken – so wie auf ein kleines Kind. Letztendlich ist das Ego auch dein inneres Kind. Behandle es so, wie du ein geliebtes Kind behandeln würdest. Es ist diese Instanz in dir, die sich von Gott getrennt fühlt und sich als eigenes, getrenntes Individuum sieht. Es ist dein kleines ICH.

Leichtigkeit entsteht aus dem Gottvertrauen, aus dem Vertrauen, dass Gott das Beste will für dich. Das Leben darf leicht sein, und wenn es dir gut geht, bringst du positive Energie in diese Welt. Gott ist dein geistiger Vater – das heißt, wir sind alle ein Geist und ein

Bewusstsein. Gott will, dass du in der Freude und in der Liebe bist. Damit machst du ihm die größte Freude. Du bist göttliche Ausdehnung, oder anders ausgedrückt: ein individueller Ausdruck Gottes. Wenn es dir gut geht, tust du Gutes für Gott und die Welt. Wenn du in der Liebe bist, bringst du Liebe auf diese Welt. Wenn du negative Gedanken hast, dann schickst du negative Gedanken in die Welt. Wir sind ein Geist – das bedeutet, diese Gedanken, diese Energien, die du aussendest, gehen in die Welt hinaus und kommen auch wieder zu dir zurück. Gott will nicht, dass wir uns abrackern, dass wir krank sind, dass wir Probleme haben, dass wir schlecht drauf sind – das machen wir uns schon selbst.

Leichtigkeit entsteht aus dem Bewusstsein, dass du das Leben genießen sollst. Du hast das Recht auf Leichtigkeit.

Die Neugier und das Interesse sind zwei verwandte Eigenschaften der Liebe. Die Neugier wird meist negativ interpretiert, aber wenn sie sich als ehrliches Interesse entpuppt und nicht gespielt ist, dann sind ihre Wurzeln in der Liebe. Aus einem aufrichtigen Interesse an jemandem oder etwas kann sich Liebe entwickeln.

Auch die Hilfsbereitschaft und die Fürsorge sind zwei verwandte Eigenschaften der Liebe. Ein liebender Mensch wird, wenn möglich, helfen und seine Fürsorge anbieten, ohne sich selbst dabei aus den Augen zu verlieren – das heißt, ohne dabei eine Opferrolle einzunehmen. Grundsätzlich ist die Hilfe zur Selbsthilfe die wohl effizienteste Form zu helfen.

Der Humor ist einer der schönsten Formen der Liebe. Er bringt uns zum Lachen und in die Freude, und vor allem wir bringen andere zum Lachen und in die Freude – dies ist der wichtigste Aspekt der Liebe. Das Leben darf und soll Spaß machen, und Humor ist ein Mittel, um Spaß in unser Leben zu bringen. Wir sollten das Leben nicht so ernst nehmen. Es ist nur eine Illusion, es hat in Wirklichkeit nur wenig Bedeutung. Das Wichtigste ist, dass es dir als Mensch und deiner Seele gut geht. Geht es dir als Mensch gut, färbt das positiv auf deine Seele ab – dann geht es dir auch als Seele gut.

Da komme ich gleich zur Freude, denn die ist ebenso wichtig für dich und deine Seele. Wenn du in der Freude bist, bist du glücklich – dann bist du in der Liebe. Erfreue dich also jeden Tag des Lebens. Das klingt sehr banal, ist es aber zunächst nicht. Viele Menschen hadern mit dem Leben, sie haben Ängste und machen sich viele Sorgen, sie sind im Ego gefangen. Zunächst beginne dich auf Dinge zu konzentrieren, die dir Freude bereiten, und dann gib diesen Dingen mehr Platz in deinem Leben. Ich hoffe, deine Arbeit macht dir Spaß. Wenn nicht, warum machst du sie dann? Du kannst immer etwas Neues beginnen – etwas, was dir mehr Spaß macht. Du musst nur daran glauben und dein Schicksal in die Hand nehmen. Jeder Tag, indem du nicht in der Freude bist, ist ein verlorener Tag. Genauso ist es mit deiner Partnerin. Ich hoffe, du erfreust dich an ihr, und du liebst sie und bist gerne mit ihr zusammen. Wenn nicht, dann solltest du vielleicht eure Beziehung überdenken. Du verschenkst womöglich wertvolle Zeit – deine Zeit und ihre Zeit. Das hat nichts mit Freude zu tun und auch nichts mit Liebe, sondern mit Durchhalten.

Wenn wir von Beziehung sprechen, dann sind wir auch schon bei der Zärtlichkeit angekommen, die natürlich ebenfalls eine Eigenschaft der Liebe ist. Ohne Zärtlichkeit in der Partnerschaft wäre die Liebe nichts. Die Zärtlichkeit gehört zur romantischen Liebe wie das Amen im Gebet.

Wenn du in einer Beziehung bist, in der es keine Liebe mehr gibt, tust du dir und drei anderen Menschen nichts Gutes: dir, deiner Partnerin und deiner möglichen neuen Partnerin und deiner Partnerin ihrem neuen möglichen Partner. Wenn du und deine Partnerin unglücklich miteinander seid, dann trennt euch. Ihr könntet mit jeweils anderen Partnern glücklicher sein, und diese beiden wären womöglich auch glücklicher. Es ist sehr wichtig, Zeit mit jenen Menschen zu verbringen, mit denen du sehr gerne zusammen bist. Alles andere ist Zeitverschwendung. Mit jemand zusammenzubleiben, den du nicht mehr liebst, ist kein Zeichen von Liebe – das ist eine Wohngemeinschaft oder sonst etwas. Es hat niemand etwas davon, nur zusammenzubleiben, weil man sich einmal geliebt hat. Man kann die Liebe in Form einer Person nicht festhalten. Man kann nur an der Liebe selbst festhalten. Die romantische Liebe zu einer Person kann sich verflüchtigen – sie unterliegt einem Wandel. Menschen verändern sich, und die Bedürfnisse verändern sich. Was vor fünf Jahren okay war, muss heute nicht mehr okay sein.

Eine neue Liebe kann dein Leben enorm positiv verändern. Wenn du verliebt bist, spürst du, wie stark die Liebe sein kann. Man sollte die ganze Zeit verliebt sein – dann siehst du deine Partnerin mit dem Herzen und nicht mit den Augen. Gleichzeitig strahlt ihr vor Liebe.

Die körperliche Liebe ist ein Spielplatz, auf dem ihr euch spielerisch entdecken und verwöhnen könnt. Als Mann solltest du lernen, mit deinem Herzen zu lieben und deine Triebbefriedigung hintenanzustellen, bzw. zu steuern. Es spielt keine Rolle, ob du heute einen Orgasmus hast, oder nicht – das ist nur Triebbefriedigung, die nur dein Ego braucht. Mach einmal mit deiner Partnerin Liebe, ohne einen Orgasmus zu haben. Geht es sehr langsam und bewusst an – keine Hektik, kein Müssen, keine Erwartungen. Genießt euer Zusammensein. Probiert es einmal mit Langsamkeit. Der Mann kann lernen, seine sexuelle Energie durch den Sushumna-Kanal nach oben zu leiten. Das hilft beim Öffnen seiner Chakren, und die Kundalini Energie wird frei. Zu diesem Thema gibt es interessante Bücher, wie das „Tao der Sexualität".

Die körperliche Liebe ist die schönste Form, in der Liebe zu sein und Liebe zu machen. Wenn ihr in der körperlichen Liebe seid, entsteht ein sehr starkes Energiefeld der Liebe, das von euch ausstrahlt. Im Tantra lernen wir, dieses Energiefeld zu kultivieren und gleichzeitig unser Ego, das immer die schnelle Befriedigung sucht, zu läutern. Manche Paare suchen Ihre spirituelle Weiterentwicklung im Tantra. Mit Bewusstsein können wir lange Zeit in der Liebe sein und die Liebe über unsere Körper verströmen – ein wunderbarer Weg, wenn sich zwei Menschen gefunden haben die gleiche Ziele haben und sich gemeinsam weiterentwickeln wollen.

22.

Das Leben ist ein

Klassenzimmer der Liebe.

Wenn ich mich in der Liebe übe,

kann ich wieder zur Liebe werden,

die ich immer war.

Ich werde zum erwachten

Bewusstsein.

Das Gesetz der Resonanz

Das Gesetz der Resonanz erwähne ich hier an dieser Stelle, weil es ganz wichtig ist, womit du dich in deinem Leben beschäftigst und worauf du deine Aufmerksamkeit richtest. Denn worauf du deine Aufmerksamkeit richtest, das wirst du in dein Leben ziehen.

Dein Leben ist eine Spiegelung deiner Aufmerksamkeit.

Wenn du dir ständig die Horrormeldungen im Radio und Fernsehen anhörst, dann darfst du dich nicht wundern, wenn du schlecht drauf bist oder immer wieder mit negativen Ereignissen konfrontiert wirst. Ich persönlich schau fast kein TV, nur ausgewählte Sendungen, die mein Leben bereichern, stehen auf meinem Fernsehprogramm. Überhaupt bin ich der Meinung, dass dieses unkontrollierte Konsumieren von Radio und Fernsehen uns krank macht und unseren Verstand überreizt.

Dein Verstand benötigt Ruhe; er muss das alles verarbeiten, was er aufnimmt. Deshalb: Weniger ist mehr! Lass nicht alles auf dich einprasseln, was da draußen geschieht. Es bringt dir nichts, du kannst es nicht beeinflussen. Du kannst die Welt nicht retten – und das musst du auch nicht. Du kannst nur bei dir selbst beginnen.

Das gleiche gilt in Bezug auf deine Mitmenschen. Mit welchen Menschen umgibst du dich? Sind es vielleicht unverbesserliche Nörgler? Sind es Menschen, die nur negativ reden, die nur über ihre Krankheiten und ihre Probleme reden. Dann überlege dir, ob du wirklich mit diesen Menschen ständig zu tun haben willst. Ich persönlich bevorzuge da schon lieber meine sogenannte „heilige Ruhe". Heilig deshalb, weil Ruhe und Stille grundsätzlich heilsam sind und du dich in der Stille mit dem heiligen Geist – mit Gott – verbindest.

Es gibt Menschen, die uns nicht guttun – sie machen uns buchstäblich krank. Du wirst es wissen, wenn du solche Menschen in deinem Umfeld hast. Und es ist deine Entscheidung, ob du dich weiterhin mit diesen Menschen umgibst oder nicht. Es sind meist Menschen mit einem starkes Ego, und die nicht wissen, wer sie wirklich sind. Sie haben Angst und glauben an ihr Ego. Demnach reden sie alles nach, was es in ihrem Kopf so denkt – denn das sind ja ihre eigenen Gedanken, glauben sie. Sie führen ein EGO-gesteuertes Leben, kein SELBST-bestimmtes Leben. Du kannst Verständnis für sie haben, aber du musst nicht deine Zeit mit ihnen verbringen.

Verbringe deine Zeit mit Menschen, die dir guttun – mit Menschen, die dein Leben bereichern und ihr einen gegenseitigen Mehrwert voneinander habt.

Konzentriere dich auf die schönen Dinge des Lebens, denn damit ziehst du Schönes in dein Leben. Beginne jeden Tag ein neues Kapitel und mach jeden Tag zu einem schönen Tag.

Du musst nicht an die Kriege der Welt, an die Armut, an Krankheiten und an die Missstände in unserem Politischen System denken – du musst nicht daran teilhaben. Du kannst es einfach so akzeptieren, wie es ist. Es ist so, weil die Menschen es so wollen. Sie glauben, sie seien Opfer dieser Umstände, aber das sind sie nicht – sie haben sich einmal dafür entschieden, Teil davon zu sein. Doch du kannst dich jeden Tag neu entscheiden, wohin du schaust und was du sehen willst. Du kannst diese Umstände akzeptieren, aber du musst dich nicht damit identifizieren. Mach es nicht zu deinem Leben, wenn du dieses Leben nicht willst.

Diese materielle Welt ist eine Bühne, und wir sind die Schauspieler. Sie hat mit deinem ewigen Sein nichts zu tun. Dein Körper ist eine Illusion – das heißt, eine vorübergehende Erscheinung, eine Sichtbarmachung deiner Seele, eine Form, die du darstellst. Du bist ein Ausdruck und ein Werkzeug Gottes – wenn du das willst, wenn du bereit dazu bist.

Dein echtes und ewiges Leben ist an diese Form nicht gebunden. Wenn du das einmal verinnerlicht hast, denkst du auch anders über den Tod. Er hat nicht mehr diese beängstigende Bedeutung für dich, denn du weißt, du bist ewiges Leben – und nicht weniger als das.

Dein Körper ist ein „Fleischklöpschen", das altern wird und sich früher oder später wieder auflöst. Das ist ganz normal und hat mit deinem ewigen Leben als Geistiges Kind Gottes nichts zu tun. Wir spielen dieses materielle Spiel auf dieser Erde, um uns in der geistigen Welt weiterzuentwickeln. Diese materielle Welt ist quasi das Kontrastprogramm zur geistigen Welt. Ohne dieses Kontrastprogramm würden wir uns niemals als geistige Wesen erkennen können. Es ist so ähnlich, wie du erst die Farbe Weiß erkennen kannst, wenn du auch eine andere Farbe kennen gelernt hast. Sonst wüstest du nicht, dass es die Farbe Weiß überhaupt gibt, wenn du nicht auch Rot oder Blau kennen würdest. Dieses derzeitige Leben hier als „Vorname Nachname" ist also eine von vielen Erfahrungsreisen ins ewige Nirwana.

Spiritualität ist; das Erkennen deiner geistigen Natur.

Wenn du tiefer in die Spiritualität eintauchst, wirst du dich mit den Geschehnissen in dieser materiellen Welt, nicht mehr so identifizieren. Es wird dir zusehends bewusst, dass dies alles nur Illusionen sind – das heißt vorübergehende Erscheinungen, die deinem Seelenfrieden nichts anhaben können.

Du kannst jetzt sagen: „Ich kann ja nicht die Augen davor verschließen vor dem Leid in dieser Welt". Ja, das musst du auch nicht – aber du musst dich auch nicht damit identifizieren, oder ausführlich damit befassen, weder positiv noch negativ. Du kannst bewusst Abstand nehmen und dich der geistigen Welt hingeben. Es ist die Welt des Friedens – die Welt der Liebe. In der geistigen Welt gibt es keinen Krieg, keinen Kampf, kein Leiden und keine Ungerechtigkeiten – das ist alles das Spiel des Egos.

In der geistigen Welt gibt es die Liebe und den Frieden. Es ist deine Entscheidung, worauf du deine Aufmerksamkeit richtest.

23.

Ich konzentriere mich

auf die schönen Dinge des Lebens,

das beeinflusst mein Leben positiv

und bringt mich weg vom Ego und

weiter auf meinen spirituellen Weg.

Das Beste, was ich für

die Welt tun kann ist,

dafür zu sorgen, dass es

mir gut geht,

denn wir sind ein Geist.

Hier und Jetzt

Im Hier und Jetzt zu sein bedeutet, dass du Abstand vom sinnlosen Denken nimmst und stattdessen im gegenwärtigen Augenblick bist. Wenn dein Verstand denkt, dann denkt er entweder an die Vergangenheit oder an die Zukunft. Im gegenwärtigen Augenblick gibt es nichts zu denken, da kannst du bloß wahrnehmen.

Das Leben spielt sich aber immer im Hier und Jetzt ab. Nur hier, in diesem Augenblick, kannst du dafür sorgen, dass dein Leben schön ist. Die Vergangenheit ist vorbei, an ihr kannst du nichts mehr ändern. Am besten du akzeptierst sie, wie sie war, und schließt mit ihr Frieden. An die Zukunft zu denken, macht auch wenig Sinn, da du sie nur bedingt beeinflussen kannst. Du kannst natürlich konstruktiv denken, deine Schöpferkraft aktivieren und dir sagen: „Das werde ich machen", oder „Das werde ich machen". Aber viele Menschen denken nicht konstruktiv in die Zukunft, sie machen sich Sorgen und haben Angst. Das führt zu nichts und bringt nur weiteres Leid in ihr Leben.

Wenn du leidest, wenn du Angst hast oder Sorgen, bist du nicht im gegenwärtigen Augenblick – dann bist du irgendwo anders, meist in der Zukunft. Komm zurück in den gegenwärtigen Augenblick und erkenne, dass es genau im Hier und Jetzt kein Leiden gibt. Das Leiden existiert nur in deinem Kopf, nur in deinem Denken. Steig aus dem Denken aus, und du leidest nicht mehr. Besinne dich auf den gegenwärtigen Moment – wo ist da das Leiden? Du hast in dem Moment kein Problem, und was später kommt, überlasse dem Leben. Vertraue darauf, dass alles gut ist, so wie es ist. Das Leben beschenkt dich, das Leben meint es gut mit dir.

Komm also aus dem Denken raus und besinne dich auf den gegenwärtigen Augenblick. Setze dich hin, werde still und beobachte. Nimm wahr, was in dir und um dich herum vorgeht, aber beginne nicht zu analysieren – denn dann bist du schon wieder im Denken.

Genieße die Stille, genieße die Abwesenheit von Lärm, von Worten, von Musik, von Gedanken. Es ist eine ganz besondere Qualität des Seins. In der Stille spürst du das echte Leben – das Leben, das du bist. Mach es dir bequem, versenke dich in den Augenblick und versuche, darin zu verweilen. Schließe die Augen, fühle in dich hinein. Vielleicht spürst du nach einer Zeit ein Kribbeln an deinen Händen, an deinem Körper. Das ist das Leben, das du bist – das ist die hohe Schwingung der göttliche Präsenz, die du bist. Dieses Leben durchflutet deinen Körper, sonst wäre er leblos. Wenn du dieses Kribbeln spürst, dann spürst du dich selbst – denn das bist du, und nur das, auf ewig.

Im gegenwärtigen Augenblick findet das Leben statt, und wenn du bewusst still dabei wirst, beginnt die Meditation. Du hörst auf zu denken und bist im Hier und Jetzt.

Du musst dir dafür nicht extra Zeit nehmen – du kannst zu jederzeit im gegenwärtigen Augenblick sein. Das bist du immer dann, wenn du dich nicht wegdenkst, also nicht in die Vergangenheit und nicht in die Zukunft. Wenn du das Denken einfach sein lässt, dann bist du im Hier und Jetzt.

Du musst dabei nicht unbedingt still werden und meditieren – du kannst auch aktiv sein und bist dabei genau im Hier und Jetzt sein. Deshalb sind auch die meditativen Sportarten und Aktivitäten so beliebt und machen uns so glücklich, weil wir dabei aufhören zu denken und einfach im Augenblick sind.

Deshalb fallen manche Menschen in dieses ewige Tun und Handeln – sie kaufen, essen, reisen und gehen aus, etc., weil sie dabei aufhören zu denken und dies eine gelungene Ablenkung darstellt. Sie haben nicht gelernt zu meditieren, deshalb lenken sie sich anders ab.

Es ist auch eine Ablenkung von der Stille, eine Ablenkung vor der Angst, in die Stille einzutauchen. Das Ego treibt dich dazu an, aktiv zu sein. Das Ego will die Stille nicht – es weiß, dass du dir in der Stille selbst begegnen kannst. Das Ego möchte nicht, dass du dir selbst begegnest, dass du dich selbst findest – denn die Selbstfindung bedeutet immer auch, Gott zu finden. Und wenn du Gott gefunden hast, dann bedeutet das den Untergang deines Egos. Es wird dich dann nicht mehr regieren können, es wird dann nicht mehr dein Leben bestimmen – und davor hat es Angst und versucht dies mit allen Mitteln zu vermeiden.

Dich selbst zu finden, ist aber der wahre Grund, warum du hier bist. Dein Selbst ist Göttliche Präsenz. Erst wenn du das erkannt hast, hat das Leben einen Sinn gehabt.

Nur in dieser Selbstfindung erkennst du, wo das wahre Glück ist. Hier findest du den wahren Frieden – unabhängig von äußeren Umständen und äußeren Gegebenheiten.

24.

Im Hier und Jetzt,

hört das Denken auf

und die Meditation beginnt.

Wenn ich im Hier und Jetzt bin,

ist das Leben immer in Ordnung,

es gibt im gegenwärtigen

Augenblick kein Leid,

keine Sorgen und

keine Angst.

Das Leben ist ein Fluss

Wenn du im Hier und Jetzt bist, erkennst du allmählich, das es nur diesen einen Augenblick gibt. Dieser eine Augenblick dehnt sich aus und wird zum ewigen Augenblick. Je mehr du es schaffst, im Augenblick zu sein, desto eher wirst du dein Glück und deinen Frieden finden.

Das Leben ist ein Fluss, das bedeutet, dass sich dieser gegenwärtige Augenblick immer verändert. Du gibst dich dem Fluss des Lebens hin, wenn du im Augenblick bist und genau das annimmst, was dir das Leben jetzt zu bieten hat.

Du kannst im Augenblick leben, und du kannst von Tag zu Tag leben. Schau nicht zu weit nach vorne, die Zukunft kommt ohnehin auf dich zu. Mach das Beste aus diesem heutigen Tag – es ist der Tag, der heute, der jetzt dein Leben ausmacht. Wenn es dir heute gut geht, machst du das Beste für dich und den Rest der Welt.

Das Leben ist Veränderung. Das ist das Wesen des Lebens, das ist Evolution – es gibt keinen Stillstand.

Jede Veränderung hat etwas Gutes, sie schafft Platz für Neues.

Wenn ich hier von Leben spreche, dann meine ich nicht nur dieses eine Leben, dass du jetzt hier als „Vorname Nachname" lebst, sondern das ewige Leben als solches, von dem wir alle ein Teil sind. Du bist Leben, du bist die Veränderung. Du hast schon viele Menschenleben gelebt – das ist der Grund, warum in deinem

Unterbewusstsein vieles im Verborgenen liegt. Es sind quasi die psychischen Reliquien deiner vorigen Leben.

Und dein Bewusstsein hat sich über viele Leben weiterentwickelt. Leben für Leben nimmst du eine andere Gestalt an und machst neue Erfahrungen auf deiner Reise zu Gott zurück. Ich bin der Meinung, wir bekommen immer den Körper und das Leben, das wir zurzeit brauchen, um uns weiterzuentwickeln.

Wir müssen uns von dem Gedanken trennen, dass wir nur dieses eine Leben haben, und nach dem Tod alles vorbei ist. Das stimmt nicht – dieses eine Leben ist nur ein Wimpernschlag im ewigen Prozess des Lebens.

Je mehr du dich dem Leben hingibst, desto eher wird dein Leben gut verlaufen. Wenn du aufhörst, gegen das Leben anzukämpfen, und aufhörst zu glauben, du könntest mit deinem Verstand alles richten, dann wirst du Teil des Lebens, Teil der universellen Intelligenz. Das Leben wird dir in die Hände spielen, wenn du dich fallen lässt, dich Gott wieder hingibst und das Leben so nimmst, wie es sich dir heute präsentiert.

Gib dich dem Fluss des Lebens hin, sage JA zu Gott, denn er ist das Leben selbst – er ist alles was ist – alles was lebt. Wenn Gott alles ist was ist – alles was lebt, wer sollst du dann sein? Wenn du noch immer glaubst, du bist etwas außerhalb von Gott, wenn du noch immer glaubst, du bist etwas Eigenständiges, Getrenntes von Gott, dann wundere dich nicht, dass dein Leben schwer wird, dass du keinen Frieden findest.

Das Leben wird leichter, wenn du dich zurücknimmst, wenn du dein Ego hinterfragst und erkennst: Ich bin kein getrennter Körper von Gott, keine Person die etwas Eigenständiges ist, getrennt von allen anderen. Diese Person ist nur deine Maske, sowie wir alle Masken haben. Gott hat viele Gesichter, aber er ist ein Geist, er ist das eine Leben – und wir sind alle Teile davon. Wir sind seine Kinder, wir sind seine geistigen Kinder, wir sind das Ebenbild Gottes. Gott ist die Summe seiner Teile, und wir stellen jeder einen solchen Teil dar, in ewiger Verbundenheit.

Im Fluss des Lebens gibt es keinen Zufall, es passiert hier nichts Unwillkürliches. Es hat alles seinen Sinn – seinen höheren Sinn, den du mit deinem Verstand vielleicht nicht erkennst. Es ist alles gottgewollt – Gott würfelt nicht. Im Fluss des Lebens hat jeder seinen Platz, alle Teile fügen sich zusammen, alles hat seine höhere Ordnung. Vertraue dich dem Fluss des Lebens an.

Du wirst nach und nach erkennen, dass dir das Leben unter die Arme greift. Nimm einfach dein Ego zurück. Beginne mehr zu meditieren, und nimm dich als „Vorname Nachname" nicht mehr so wichtig. Ich meine damit: deinen Reichtum, deinen Erfolg, dein Streben jemand zu sein – all das, was dein Ego so stark braucht.

Nimm dein Ego zurück – nimm es einfach zurück. Das ist ein enorme Befreiung für dich. Dich dem Leben hingeben, heißt: „Du wirst gelebt". Dies gleicht einer Selbstverwirklichung. Diese Selbstverwirklichung wird begleitet von einer wunderbaren Leichtigkeit, und von einer enormen Freiheit und einen inneren Frieden.

25.

Das Leben ist ein Fluss

bedeutet, das Leben ist

Weiterentwicklung und Fortschritt.

In meinem Leben als Mensch,

begrüße ich diesen Fluss

des Lebens und in meiner

Weiterentwicklung, erkenne ich,

dass ich Teil des Lebens bin

und das ist ein Fortschritt,

auf meiner Bewusstseinsreise

zu Gott zurück.

Die Sache mit der Zeit

Zeit ist etwas Abstraktes. Es gibt die Zeit, wie wir sie kennen, in der geistigen Welt nicht. Ich will hier nicht ins Detail gehen – ich bin kein Wissenschaftler und mein Tag hat natürlich auch nur 24 Stunden. Dennoch weiß ich, dass die Zeit eine Aneinanderreihung von Momenten ist, oder die Ausdehnung des gegenwärtigen Augenblicks.

Wir befinden uns im ewigen Jetzt, in der Vergangenheit und in der Zukunft – egal in welchen Augenblick. Du befindest dich immer im „Jetzt", also im gegenwärtigen Augenblick. In der tiefen Meditation scheint die Zeit still zu stehen.

In der geistigen Welt sind die zeitlichen Dimensionen viel, viel größer – 100 Jahre sind quasi ein Wimpernschlag.

Wir Menschen haben mit der Zeit meist so unsere Not. Alles muss schnell gehen, keiner hat mehr Zeit – oder er glaubt keine Zeit zu haben, dadurch verpassen wir den gegenwärtigen Augenblick. Je schneller wir handeln und tun, desto eher haben wir das Gefühl, keine Zeit zu haben. Es ist ein Irrtum zu glauben, durch schnelles Handeln und Tun Zeit zu sparen.

Um mehr Zeit zu haben, dürfen wir unseren Tag einfach nicht so sehr verplanen. Manche Menschen verplanen ihr ganzes Leben – ständig haben sie irgendwelche Termine und Verabredungen, eine nach der anderen. Da ist Stress vorprogrammiert. Ein Tipp von mir: Weniger ist mehr. Lass dir Zeit und hör einmal auf zu planen. Mach dir an einem Wochenende einmal gar nichts aus und lebe einfach in den Tag hinein. Die Tage, an denen ich nichts plane, sind meist die schönsten Tage für mich, und am Abend habe ich das Gefühl, ich habe gelebt und es war ein wunderbarer Tag. Ich habe genau das gemacht, wozu ich im Augenblick Lust hatte. Das Leben hat mich geführt.

Ich beginne meinen Tag mit einem guten Frühstück und danach genieße ich mein SEIN. Aus einer Intuition heraus mach ich dann etwas, wenn ich möchte. Es kann sein, dass ich nach dem Frühstück einmal eine Stunde lang nichts mache, einfach nichts. Vielleicht entschließe ich mich dann für eine Stunde Vipassana-Mediation. Danach fühle ich mich wie neugeboren. Ich brauche nichts zu planen – wenn ich Hunger habe, esse ich etwas, wenn ich Durst habe, trinke ich etwas und wenn ich Rad fahren will, gehe ich Radfahren. So einfach ist das. Warum soll ich etwas planen? Wie soll ich im Vorhinein wissen, wozu ich Lust habe. Ich habe aufgehört zu planen und lebe ein Leben aus dem Augenblick.

Wenn du dein Leben verplanst, wie willst du dann zu dir finden? Wie willst du Zeit für dich allein haben? Vielleicht bist du auch ein Mensch, der gerne seine Tage verplant. Vielleicht hast du noch das Gefühl, nicht allein sein zu wollen, weil du dich im Alleinsein einsam fühlst und die Stille dir Angst macht. Vielleicht kannst du dich selbst nicht aushalten. Damit bist du nicht allein – dieses Gefühl kennen viele da draußen. Aber ich empfehle dir: Fang in kleinen Schritten an. Lass dich auf die Stille ein – vielleicht am Anfang nur eine viertel Stunde, und später eine halbe Stunde. Du wirst schon bald merken, dass dein Denken ruhiger wird. Und wenn du dranbleibst, wirst du erfahren, wie schön Stille sein kann, und wie positiv sich die Meditation auf dich und dein Leben auswirkt.

Wenn wir nicht planen, leben wir auch ein bewussteres Leben, weil wir auf unseren Körper hören und weil wir beginnen, uns führen zu lassen. Wir entwickeln mehr Intuition. Wir werden langsamer und bewusster. Das können wir schon bei einem Spaziergang ausprobieren.

Bringe einmal deine Arme hinter deinem Rücken und schlendere sehr gemütlich durch die Fußgängerzone. Sieh dir dabei bewusst die Schaufenster genauer an – du wirst sehen, wie entspannend das sein kann. Lass deine Uhr einmal weg, und auch das Handy, und gehe einfach solang es dich freut, so durch die Stadt. Es ist eine wunderbare Erfahrung, einmal langsam und bewusst durch die Stadt zu gehen.

Du solltest deine Zeit auch nicht mit Dingen vergeuden, die dir nicht wichtig sind, denn natürlich ist deine Zeit hier als „Vorname Nachname" begrenzt. Verbringe deine Zeit auch nicht mit warten – ich meine unbewusstes Warten. Meist warten wir und sind im Unfrieden mit der Situation, ärgern uns vielleicht. Beim Warten bist du auch meist nicht bewusst im Moment, sondern du verbringst die Zeit damit in die Zukunft zu denken. Die Zukunft entsteht jedoch immer aus der Gegenwart – aus dem gegenwärtigen Moment.

Der gegenwärtige Moment ist ein heiliger Augenblick. Wenn du dich bewusst in den gegenwärtigen Moment zurückholst, kann dies ein sehr prägender Moment sein. Jeder Moment, den du bewusst erlebst und du dich nicht in die Vergangenheit oder in die Zukunft wegdenkst, ist eine wunderbare Zeit im Jetzt – im Sein. Nutze die Zeit beim Warten, um im „Bewusst SEIN" – in der formlosen Meditation, zu sein. So machst du diese Zeit zu einer sehr wertvollen Zeit.

Es ist natürlich okay, sich eine gewisse Zeit mit der Vergangenheit zu befassen, um Erlebtes und Geschehnisse aufzuarbeiten – darüber habe ich schon im Kapitel „Gedankenzimmer aufräumen" geschrieben. Aber dann mach es bewusst.

In die Zukunft zu denken ist auch okay – aber dann mach auch dies bewusst. Denke positiv und mit Freude an die Zukunft. Deine Gedanken in die Zukunft haben Schöpferkraft.

Warten allein hat keine Schöpferkraft – es ist vergeudete Zeit, wenn du sie nicht sinnvoll nutzt. Wenn du also warten musst, dann versuche, diese Zeit bewusst im Augenblick zu sein oder bewusst Vergangenes aufzuarbeiten oder bewusst in die Zukunft zu denken.

Unbewusstes Warten ist meist mit Ärger verbunden. Im Moment zu sein und nicht zu denken, ist eine bewusste Entscheidung – es ist Meditation.

Wenn wir erkennen, dass wir ewiges Leben sind, bekommt die Zeit eine neue Bedeutung. Sie tritt in den Hintergrund – und du genießt ein zeitloses SEIN.

26.

Ich benötige die Zeit

für meine Termine und meine

Aufgaben, aber wenn ich frei habe

versuche ich mich von der Zeit

abzugrenzen, und

mich nicht von ihr bestimmen

zu lassen.

Weniger ist mehr

Das Leben ist grundsätzlich eine einfache Sache.

Wir machen es uns oftmals selbst schwer, weil wir glauben, wir bräuchten noch mehr Geld, um uns Dinge leisten zu können, die uns den Anschein erwecken lassen, glücklicher, besser, mächtiger, oder reicher zu sein als andere Menschen. Das ist eine „never-ending-story" und der völlig falsche Weg, denn du kannst mit mehr materiellen Dingen, oder mit Geld, Macht, Ruhm, etc. nicht glücklicher werden. Zugegeben, ein gewisser Lebensstandard ist eine feine Sache und macht das Leben angenehmer und leichter. Aber kaufe nie etwas, um andere zu beeindrucken, und kaufe auch nichts, um deine Kauflust zu befriedigen – das sind alles nur Konzepte eines starken Egos. Das hat mit wahrem Glück nichts zu tun.

Alles, was du brauchst, ist in dir. Du findest nur in dir zu deinem wahren Glück und zum absoluten Frieden.

Ich wundere mich manchmal, wie sich die Leute abstrampeln, um viel, ja sehr viel Geld anzuhäufen. Sie kaufen sich dann teure Autos und haben nicht mal die Zeit für schöne Ausflüge damit, weil sie viel arbeiten müssen, um sich die Versicherung, die Leasingrate und das Service leisten zu können. Sie haben ein sehr starkes Ego und wollen andere beeindrucken, aber es macht sie nicht glücklich. Es nährt nicht ihre Seele, es ist kein bleibendes Glück – es ist ein Glücksgefühl, das gekauft ist und darauf aufgebaut ist, andere kleiner zu machen, als man selbst ist. Alle diese gekauften Glücksmomente sind nicht von Dauer.

Genauso verhält es sich mit deinen anderen Besitztümern. Schau mal in deine Wohnung, wieviel unnötiges Zeug du vielleicht schon angesammelt hast. Womöglich brauchst du vieles nicht mehr – es belastet dich nur, wenn du unnötig viel Sachen in der Wohnung herumstehen hast. Du kannst auch viel leichter Ordnung halten, wenn du weniger herumstehen hast, und ein gewisses Maß an Ordnung würde ich dir empfehlen.

Wie im Außen so im Innen. Wenn Menschen im Außen Chaos haben, haben sie meistens auch im Inneren nicht aufgeräumt. Chaos in der Wohnung kann ein Indikator sein, dass bei diesem Menschen auch sein Innenleben nach neuen Strukturen sucht.

Das Äußere und das Innere stehen in einer Korrelation zueinander. Wenn du in deinem Inneren klar und rein bist, wirst du es nach außen hin ausstrahlen. Du kannst aber auch damit beginnen, im Außen aufzuräumen – es wird sich dann positiv auf dein Inneres auswirken.

Mit „im Außen aufräumen" meine ich nicht nur deine Sachen in der Wohnung, sondern auch deine Beziehungen, Freundschaften, Partner, Job, Geld, Konsumverhalten, Medienkonsum, etc. Dies sind alles Bereiche, die man von Zeit zu Zeit unter die Lupe nehmen sollte.

Grundsätzlich gilt: „Weniger ist mehr." Und wenn dir etwas oder jemand in deinem Leben nicht mehr guttut, dann liegt es an dir, dies zu ändern.

Reduziere dich auf das Wesentliche in allen Bereichen. Du bekommst dann mehr Raum für Neues – mehr Zeit und mehr Raum für dein SEIN – mehr Raum für Gott.

Weniger ist mehr

Denn das ist es, was dir helfen wird, in dir aufzuräumen, in dir anzukommen, mehr Zeit zu haben, mehr Luft zum Atmen, mehr Stille, mehr Selbstliebe, mehr Meditation im Alltag.

Je einfacher du dein Leben gestaltest, desto leichter wirst du zu dir finden – zu Gott finden. Das wahre Glück, liegt nicht in unserer Wunsch und Bedürfniserfüllung, sondern in der Bedürfnislosigkeit. Wahres Glück ist ein seelisches Glück – dies stellt sich nicht ein durch materielle Ansammlungen oder materiellen Reichtum.

Es ist alles nur eine Frage des Egos. Nur unser Ego braucht viel Zeug, viel Lärm, viel Party, viel Geld, viel Erfolg, viel Macht, viel Ansehen, viele Worte, etc.

All das stärkt unser Ego, aber es bringt dich weg von deinem wahren SELBST. Es bringt dich nicht zu Gott und nicht zu deinem wahren Glück und inneren Frieden.

Du musst beginnen, dein Ego zu durchschauen, es bewusst zu beobachten und es bewusst zu schwächen, indem du dem Verlangen deines Egos nicht nachkommst. Wenn du immer weniger auf dein Ego hörst, wird es nach und nach schwächer werden. Dies wiederum stärkt dein SELBST – dein höheres ICH, deine Anbindung an den heiligen Geist – deine Beziehung zu Gott.

Du wirst zusehends weniger brauchen – weniger von all dem, was dein Ego bisher gebraucht hat. Du wirst frei werden, du wirst unabhängig werden, du wirst dein Glück in dir finden, du wirst deinen inneren Frieden finden – du wirst zu Gott finden.

27.

Je einfacher ich

mein Leben gestalte

und mich auf das Wesentliche

reduziere, desto schöner wird es

und umso mehr fühle

ich mich glücklich

und zufrieden.

Gutes Karma erzeugen

Karma beruht auf der Grundlage eines Lebensgesetzes: das Gesetz von Ursache und Wirkung. Das, was du der Welt gibst, wirst du letztendlich wieder ernten – in der gleichen oder in einer ähnlichen Form. Dies ist ein ganz natürlicher Prozess des Lernens. Das Leben spiegelt dir einfach dein eigenes Verhalten.

Gutes Karma erzeugst du immer dann, wenn du in Liebe handelst. In Liebe handeln bedeutet, selbstlos zu handeln – nicht aus einer Berechnung heraus. Ob du selbstlos und aus Liebe handelst, weißt du selbst am besten, aber Gott weiß es auch. Das Leben – Gott – lässt sich nicht in die Irre führen, davon kannst du ausgehen. Wer also glaubt, er kann dem Leben ein Schnippchen schlagen, der irrt sich.

Wir sind alle eins in Gott, und jeder hat seinen Platz hier auf der Welt. Man tut gut daran zu akzeptieren, dass wir alle ein Teil des Lebens sind, eingebunden in ein großes Ganzes, und dass das Leben so, wie es ist, gerecht ist und das alles seinen Sinn hat.

Wenn du dein Ego aufgibst – das heißt, nicht mehr besessen bist von der Vorstellung, ein eigenständiger, materieller, von Gott getrennter Teil zu sein –, dann beginnst du, dich in das Leben zu integrieren. Du denkst weniger nach und wirst dich mehr und mehr vom Leben führen lassen. Das ist der Beginn der Hingabe an das Leben.

So wirst du als Mensch deinen richtigen Platz in dieser Welt finden, und es wird ein schöner Platz sein. Du wirst zunehmend keine eigenen Ansprüche mehr haben,

Egoismus wird dir fremd. Du bist Teil der wunderbaren Schöpfung und bringst dich dort ein, wo du gebraucht wirst. Das Leben führt dich an diesen Platz – du brauchst dir darüber keine Gedanken machen, vertraue darauf. Je mehr du dich dem Leben hingibst, desto weniger Probleme wirst du haben, desto einfacher wird das Leben werden. Das Leben ist grundsätzlich keine komplizierte Sache.

Dem Leben hingeben – das machst du in der Meditation, im Sein. In deinem Sein erzeugst du auch gutes Karma, denn du verbindest dich mit Gott – mit der Liebe. Gott ist alles was ist, Gott ist die Liebe. In deinem Sein bist du göttliche Ausdehnung – ohne denken, ohne Ego. Du bist einfach nur dein höheres ICH – einfach du SELBST.

Du kannst dein Sein spüren, du kannst die Liebe spüren. In der Meditation, in der Stille, kannst du eine Selbsterfahrung machen, indem du dein SELBST spürst. Immer wenn du still wirst und aus deinem Denken aussteigst, besinne dich darauf, wie du deinen Körper spürst. Du spürst deinen Geist, der verbunden ist mit deinem Körper – du spürst ihn in Form eines wahrgenommenen Krippelns auf bzw. unter der Haut. Es ist diese hohe Schwingung des Heiligen Geistes, die du an dir spürst, weil du ein untrennbarer Teil davon bist. Du bist durchlässig für den Heiligen Geist, weil du Teil davon bist. Dieser Heilige Geist – Gott – ist überall. Du kannst ihn quasi sehen, er ist der Raum zwischen den Formen – zwischen der Materie. Versenke deinen Blick in diesen Raum, höre auf zu denken und werde still – dann bist du im SEIN.

Gutes Karma erzeugen

Grundsätzlich erzeugst du immer dann gutes Karma,
wenn du kein schlechtes Karma erzeugst. Denn du
kannst nicht „nicht sein". Und wenn du im Denken bist,
dann denke gute Gedanken und handle positiv im Sinne
aller Menschen. Sei ehrlich, loyal, fair, rücksichtsvoll und
liebevoll. Versuche das Ebenbild Gottes zu sein,
versuche dem gerecht zu werden.

Deine guten Gedanken sind geistige Energien – sie
erzeugen gutes Karma. Aus guten Gedanken entstehen
auch gute Handlungen. Du kannst nicht gut denken und
gleichzeitig schlecht reden oder schlecht handeln –
außer du bist ein Scharlatan.

Ich denke und handle wohlwollend – im Sinne von
Akzeptanz, Rücksicht, Fairness, Freude, Liebe und
Frieden für alle gleichermaßen. Mit diesen Gedanken
erzeugst du auch Freude, Liebe und Frieden – für dich
und für den Rest der Welt.

Frage dich stets: Was würde die Liebe jetzt machen?
Dann bist du auf einem guten Weg, dann bist du am in
die Liebe – am Weg zu Gott zurück.

28.

Ich denke und handle

positiv, wohlwollend und liebevoll.

Damit erzeuge ich ein

positives, wohlwollendes

und liebevolles Karma,

für mich und für den

Rest der Welt.

Du bist nicht dein Ego

Wenn du viele Gedanken hast, wenn du Angst hast, wenn du traurig bist, eifersüchtig, etc., dann setze dich hin und werde dir bewusst, dass dies dein Ego ist – dein kleines ICH – deine Figur auf der Formebene, aus Fleisch und Blut – deine Person als „Vorname Nachname". Das Ego ist dein kleines ICH, mit dem du dich identifizierst, es ist nicht dein SELBST – es ist dein ICH mit Ablaufdatum.

Beobachte dieses Leiden deines Egos aus einer höheren Warte – aus deinem höheren ICH – aus deinem SELBST. Es ist gut, wenn du dies alles beobachtest, wie es jetzt dem „Vorname Nachname", mit diesem Schmerz, Angst, Eifersucht, etc. geht. Sei ganz bei deiner Rolle, aber wisse, dass nicht du diese Rolle bist. Du bist dein SELBST – der Geist, das Bewusstsein, das dieser Figur Leben einhaucht. Du bist mit dieser Figur so eng verbunden, dass du fälschlicherweise glaubst, du seist diese Figur, dieser Mensch, und du hättest diese Angst, etc. Doch es ist nur deine derzeitige Form mit allem, was dazu gehört.

Identifiziere dich nicht absolut – also nicht vollkommen – mit dieser Rolle. Hebe dich davon ab, komm in dein höheres ICH, und beobachte nur dein Ego. Durch die Beobachtung hebst du dich in dein höheres ICH – in dein SELBST, und kannst trotz, Trauer, Schmerz, Angst, etc. deines Egos – deiner Person – ganz du SELBST sein. Du SELBST – das reine Bewusstsein, das dies nur beobachtet.

Du bist nicht dein Ego – die Figur, der Mensch „Vorname Nachname". Du bist der Geist – der dieser Figur das Leben schenkt. Du bist das reine Bewusstsein, das dieses Leben – diese Figur – beobachtet.

Wenn du bereit bist, dies zu verstehen und anzuerkennen – und damit meine ich, wenn es in deinem Bewusstsein verankert ist –, dass du in deiner Essenz reiner Geist bist, reines Bewusstsein, dann löst du dich von all den weltlichen Sorgen und Schmerzen, die man als Ego, als Mensch so haben kann.

Vielleicht denkst du jetzt: „Aber ich will mein Leben als „Vorname Nachname" doch nicht aufgeben, ich liebe doch mein Menschsein". Super, das ist gut so! Du musst es auch nicht aufgeben. Genieße es in vollen Zügen, mach das, was dich glücklich macht.

Es wird nur so viel leichter für dich, wenn du begreifst – wenn du dir bewusst wirst –, dass dies nur deine vorübergehende Rolle ist und mit deinem eigentlichen, ewigen Leben nichts zu tun hat. Es ist deine Befreiung, wenn dies in deinem Bewusstsein angekommen ist.

Ich meine damit: Genieße dein Leben als „Vorname Nachname", aber hänge dich nicht daran auf, klammere dich nicht so daran fest. Du kannst nicht sterben, nur deine Figur als „Vorname Nachname" wird einmal von dir gehen. Doch du lebst als reiner Geist – als reines Bewusstsein, weiter. Du wirst dann eine neue Rolle einnehmen, oder vielleicht bleibst du auch in deinem SEIN als reiner Geist für immer und ewig, weil du diese Rollen nicht mehr brauchst.

Es gibt das ewige Leben – du bist es – es ist dein SELBST.

In deiner Rolle als „Vorname Nachname" stößt du gleichzeitig permanent auf andere Rollen, also auf Menschen, die ebenso wie du ein Ego haben. Sehr oft haben Menschen ein sehr starkes Ego, und dieses starke Ego macht sie meist nicht unbedingt sympathischer und liebevoller.

Ein starkes Ego, hat meistens Angst, viel Angst. Dadurch wird es erst zum starken Ego. Es hat Angst zu verlieren, es hat Angst zu versagen, es hat Angst, nicht gut genug zu sein. Im Grunde hat es Angst, nicht zu überleben. Das Ego wurde aus der Angst geboren. Es hat Angst zu sterben, weil es sich als sterblichen Körper wahrnimmt und nicht als Kind Gottes – also als ewiger göttlicher Geist.

Daher legt ein starke Ego Eigenschaften an den Tag, die aus der Angst kommen. Sie kommen nicht aus der Liebe. Ein starkes Ego will sich profilieren, will besser und reicher sein als andere, will andere herabsetzen, will andere beleidigen und verletzen, ist eifersüchtig, ist nachtragend, ist selbstbezogen, ist egoistisch – ist manchmal echt grausam.

Dies sind alles Egokonzepte, die wir tagtäglich in unserer Welt auf der Formebene, also als Menschen, erleben. Wenn du darüber Bescheid weißt, was dein Ego ist und wie es funktioniert, kannst du besser auf dein Ego einwirken. Du kannst bewusst werden und dir klar machen: Halt! Stopp! Das bin nicht ich, das ist das Ego in mir. Wie ein Dämon sitzt es in dir und will ständig stark sein. Es gaukelt dir Dinge und Umstände vor, die gar nicht stimmen.

Du wirst allmählich ein Gefühl dafür bekommen, wenn bei anderen Menschen ihr Ego aktiv ist, und wirst wissen, warum jemand so reagiert oder handelt, wie er handelt – nämlich weil er in seinem Ego gefangen ist und gar nichts davon weiß.

Das Ego ist eine ganz abstrakte Instanz deines Körpers, das um sein Überleben kämpft. Es hat nichts mit deinem Höheren Ich – mit deinem wahren, ewigen Leben – mit deinem reinen Bewusstsein zu tun. Viele Menschen, leben ein Leben lang aus ihrem Ego heraus, sie quälen sich durch das Leben und sind versklavt von der Vorstellung und der Angst ihres Egos.

Um aus dieser Ego-Falle auszusteigen – um Herr zu werden über dein Ego, brauchst du zuerst die Kenntnis darüber, und dann einen hohen Grad an Bewusstsein und einen starken Geist, der in der Lage ist, im Alltag nicht auf dein Ego zu reagieren – weder auf dein eigenes Ego noch auf das deiner Mitmenschen nicht.

Die leichtere Aufgabe ist es noch, dein eigenes Ego zu durchschauen und zu lernen, nicht darauf zu reagieren, sondern dein Ego zu schulen, darüberzustehen und es als etwas zu akzeptieren, das halt da ist, weil du jetzt Mensch bist und einen Körper hast.

Schwieriger wird es, auf das Ego anderer nicht zu reagieren. Menschen werden dich ab und zu beleidigen, verbal angreifen, verletzen, etc., und darauf reagiert dein Ego wieder sofort mit Gegenwehr. Deshalb lass dir Zeit, reagiere nicht zu schnell, denke nach und handle bewusster. Vielleicht kannst du das eine oder andere einfach ignorieren und dir deinen Teil denken, ohne einen Gegenangriff zu starten.

Du kannst versuchen, toleranter zu werden – mit dem Wissen, dass aus deinem Gegenüber das reine Ego spricht. Gib ihm recht oder sage einfach „Interessante Sichtweise" und gehe einem Streit aus dem Weg.

Gehe nicht den Weg des Egos – des Streits, der Angst, der Gewalt. Gehe den Weg der Liebe, der Toleranz, des Respektes, der Rücksicht, des Miteinander.

Deine Mitmenschen sind keine Gegner, und wir brauchen nicht gegeneinander kämpfen. Keiner muss um sein Überleben kämpfen – wir sind alle gemeinsam das ewige Leben.

Wir sind alle eins – eins in Gott.

29.

Nach und nach,

wird mir bewusst, dass ich zwei bin.

Ein ewiger geistiger Bestandteil

und ein vorübergehender

materieller Körper mit einem Ego,

der nicht mein wahres,

ewiges Ich

darstellt.

Der Weg ist das Ziel

Du hast jetzt schon viel über dein wahres Sein, die Meditation, Stille, Selbstliebe, Ego, usw. gelesen. Es sind dies alles wesentliche Bestandteile auf deinem Weg zu dir selbst – zu deiner Befreiung aus dem Ego.

Wenn du diesen Weg gehst, dann wird dies dein Leben verändern. Denke nicht daran, wo dich dieser Weg hinführt, denke nicht an die Zukunft. Bleibe im Jetzt, hole dich immer wieder zurück in den gegenwärtigen Augenblick. Auch beim SEIN ist man geneigt, immer an die Zukunft zu denken, aber lass los – die Zukunft beginnt erst morgen. Genieße das Jetzt, genieße genau diesen Augenblick, diesen Tag, ohne zu denken.

Genau diese Art zu leben ist es, was dein Leben verändert. Du wirst zunehmend mehr im Augenblick leben, wenn du dich dem SEIN und der formlosen Meditation im Alltag hingibst. Höre auf deinen Körper – er wird dir sagen, wann es Zeit ist, dich hinzusetzen und einfach nichts zu tun, einfach zu SEIN. Dabei verbindest du dich immer wieder mit der geistigen Welt – mit Gott.

Dies ist der Beginn einer wunderbaren Beziehung mit Gott. Diese Beziehung wird immer tiefer werden, wenn du sie weiterhin pflegst. Jede Minute, die du in der Meditation bist – im Sein – schenkst du Gott. Er wird es dir danken, er wird sich erkenntlich zeigen – dass wirst du unmittelbar in deinem Leben erfahren. Du wirst ruhiger und zufriedener, du wirst unbeschwerter und gut gelaunt durchs Leben gehen. Du wirst gelassener und selbstbewusster sein und wirst nicht wissen, warum.

Wenn ich mich heute rückwirkend Frage, was mein Leben so herrlich gemacht hat, dann ist es eindeutig die Meditation. Die positiven Auswirkungen der Meditation kannst du nicht vorhersagen – du kannst es nur ausprobieren und schauen, wie es dir dabei geht. Für mich kann ich nur sagen: Die einfache formlose Meditation hat mir alles gegeben und hat mein Leben geprägt. Sie ist der Weg in den Frieden und in die Liebe.

Du kannst dein Leben zu einem mediativen Leben machen. Mediation ist das Einfachste, was man machen kann. Du brauchst nichts dazu, es kostet kein Geld, du brauchst keine besonderen Fähigkeiten – es ist nur deine Entscheidung, die Meditation in deinen Alltag einzubauen. Du kannst jederzeit beginnen, einen meditativen Alltag zu leben.

Neben der Meditation war die Geistesschulung – die Korrektur meiner Glaubenssätze in Form von Lesen spiritueller Literatur – auch ein wesentlicher Bestandteil meines spirituellen Weges. Ich glaube, jeder spirituelle Weg sieht anders aus. In der Meditation löst du einen Prozess aus, der dich zurück zu Gott bringt. Dieser Prozess kann bei jedem unterschiedlich aussehen. Wenn man einmal auf diesen Zug aufspringt, dann öffnen sich Türen, die vorher in deinem Leben verschlossen waren.

In diesem Prozess befindest du dich auf einem Weg, der in der Erleuchtung enden kann, aber nicht muss. Ich sage bewusst „nicht muss", weil du, wenn du einem Ziel hinterherläufst, dann verpasst du wieder den Augenblick – und dies ist gerade in diesem Prozess nicht zielführend. Ich kann auch nicht sagen, wie es bei anderen ist – ich kann nur von mir sprechen und kann empfehlen, einfach diesen Weg zu gehen, ohne der Absicht, irgendetwas zu erreichen.

Wenn Gott will – wenn das Leben will –, dann wirst du erleuchten. Wenn nicht, dann nicht. Kümmere dich einfach nicht darum, genieße dein Sein – dann bist du gut unterwegs. Wenn du auch, so wie ich, das Bedürfnis hast, tiefer in die Spiritualität einzutauchen, dann kann die Literatur eine große Hilfe sein.

Wenn es sein soll, dann kommt Gott dir entgegen, und dir werden die Dinge, die du für deinen Weg benötigst, zufallen – da bin ich mir ganz sicher. Bei mir waren es viele spirituelle Bücher, die mir weitergeholfen haben. Aber auch viele spirituelle Audios und Videos habe ich gehört und gesehen. Es gibt genug Literatur zum Thema und spezielle Literatur aus der geistigen Welt.

Dieses Buch heißt mit Absicht „Gedanken der Erleuchtung", weil in der Spiritualität dieses Phänomen natürlich eine Rolle spielt. Ich persönlich habe von dem Phänomen der Erleuchtung zwar auf meinem Weg gehört, war aber nicht besessen davon, die Erleuchtung zu erreichen, und dachte auch gar nicht, dass mir das passieren könnte. Ich war einfach nur derart in die Meditation und in diese Thematik der Spiritualität hinein gekippt, dass es mir dann einfach so, im Dezember 2022, passiert ist. Ich empfehle also, den Weg als das Ziel zu sehen, und nichts weiteres anzustreben. Siehe die Mediation wie eine Gebet – öffne dich einfach für Gott – für dein geistiges SEIN, für deine geistige Heimat.

30.

Die Meditation kann

einen spirituellen Prozess auslösen.

In diesem Prozess,

bin ich am Weg zurück zu Gott.

Dieser Weg kann zur

Erleuchtung führen,

muss aber nicht.

Fühlen statt Denken

Auf deinem spirituellen Weg geht es auch darum, aus deinem grundlosen Denken auszusteigen. Durch den bewussteren Umgang mit deinen Gedanken und durch die Stille reduzierst du deinen Gedankenstrom in deinem Kopf. Du denkst dann bewusst, wenn denken angebracht und erforderlich ist – du wirst Herr über deinen Verstand. Dein Verstand ist dein Werkzeug, er verarbeitet dein Erlebtes in einer angemessenen Zeit. Ständiges Im-Kreis-Drehen derselben Gedanken ist ein Zeichen eines unkontrollierten Verstandes.

Statt immer grundlos zu denken, solltest du immer mehr in das Fühlen kommen. Das Fühlen ist etwas, das nicht dein Verstand macht, sondern dein ganzer Körper und vor allem dein Herz. Du hast jetzt deinen Körper – er ist auch dein Lern- und Erfahrungsinstrument. Mit ihm kannst du fühlen und lieben. Durch das Fühlen kommst du immer mehr in das Lieben, durch das Denken bleibst du im Ego. Wenn du dich mehr darauf fokussierst, wie du dich fühlst, was du fühlst, wie sich etwas anfühlt, dann wirst du weniger denken. Du wirst auch offener für deine Intuitionen – das sind die Botschaften Gottes – die du über das Fühlen wahrnimmst.

Wenn du dich hinsetzt und still wirst, dann höre und fühle in die Stille hinein. Wie fühlt sich dieser heilige Moment für dich an? Wie fühlt sich diese Stille auf und in deinem Körper an? Wie fühlt sich dieses Nichtdenken in deinem Kopf an – ist das nicht eine wunderschöne, klare Reinheit? Wie fühlt sich das Fühlen an? Wenn du in den Wald gehst, einmal inne hältst und ganz still wirst – wie fühlt sich dieser Frieden im Wald an? Spürst du diesen unglaublichen Frieden, der vom Wald und von der Natur ausgeht?

Wenn du mit deiner Partnerin zusammen bist und du sie ganz bewusst in den Arm nimmst, wie fühlt sich das für dich an? Wie fühlen sich deine Lippen, auf Ihren Lippen an? Haltet einmal inne, und bleibt mit euren Lippen eine Minute zusammen. Das Fühlen braucht Zeit, bis sich das Gefühl intensiv zeigen kann. Nimm dir Zeit zum Fühlen – du trainierst dadurch auch deine Sensitivität. Die Sensitivität ist ein ganz wichtiger Bestandteil, um ein fühlender und liebender Menschen zu sein, ein Mensch, der bereit ist, die Bewusstseinsebene der Liebe zu erreichen.

Beginne grundsätzlich einfach mehr zu fühlen – es hilft dir, aus dem Denken herauszukommen und deine Empfindsamkeit zu steigern. Deine Wahrnehmung über das Fühlen ist eine sehr gute Übung, um in die Liebe zu kommen. Du hebst dich damit auch die Bewusstseinsebenen hinauf in Richtung Liebe. Je besser wir fühlen können, desto besser können wir lieben, und durch Lieben kommen wir in die Liebe.

Nutze jede Gelegenheit, um das Fühlen zu lernen. Du kannst dich immer wieder in verschiedenen Situationen fragen: Wie fühlt sich das für mich an? Du wirst sehen, welche interessanten und neue Erfahrungen du machst. Besonders in der Meditation möchte ich dir das gleichzeitige fühlen, ans Herz legen. Du wirst dadurch leichter diese Selbsterfahrung machen. Du wirst erfahren, was es heißt, deinen Geist am ganzen Körper zu spüren.

31.

Das Fühlen zu lernen

ist ein ganz wichtiger

Bestandteil, um einerseits

aus dem Denken raus zu kommen

und andererseits, sensitiver

zu werden..

Liebe – Freude – Frieden

Ich habe es schon erwähnt, das wir auf unserem spirituellen Weg, die Bewusstseinsebenen hinauf klettern. Wir sind alle Liebe und reines Bewusstsein – Liebe das weibliche und reines Bewusstsein das männliche. Beides zusammen ist das allumfassende Bewusstsein – die Quelle des Lebens, und wir sind ein Teil davon. Das heißt aber nicht, dass wir alle gleich sind. Je nachdem, auf welcher Bewusstseinsebene wir uns befinden, haben wir unterschiedliche Schwingungen. Ein starkes Ego ist niederschwingender als die Liebe. Wenn ich also sage, wir kommen in die Liebe, dann meine ich das wir in höhere Bewusstseinsebenen kommen – also in Richtung Liebe und später in Richtung Erleuchtung.

Wenn wir in die Erleuchtung kommen, werden wir zum Ebenbild Gottes, das wir schon immer waren. Doch dieses Ebenbild war überschattet von unserem starken Ego und dem Glauben, etwas außerhalb von Gott zu sein. Weil unser Ego immer glaubt, wir seien etwas Eigenständiges, etwas außerhalb von Gott, müssen wir diesen Irrtum erkennen. Erst wenn wir den Irrtum erkennen, können wir beginnen, unser Ego bewusst zu erziehen und zu korrigieren. Durch die Erkenntnis, dass du ein Ego hast – dein kleines ICH, das sich als getrennter Körper von Gott wahrnimmt – kannst du deinem Ego bewusst entgegenwirken. Durch einen bewussteren, liebvolleren Umgang mit dir und mit anderen, durch bewusstes Innehalten, durch bewusste Stille und Meditation, durch bewusstes Fühlen statt Denken, durch bewusste Bedürfnislosigkeit, durch bewusstes Reduzieren deines Strebens nach Macht,

Rechthaberei, Geld und Besitzanspruch läuterst du dein Ego.

Es klingt wie ein herber Rückschlag und ein Verzicht, dieses Läutern deines Egos. Aber es klingt nur für dein Ego so. Sei dir bewusst: Nur dein Ego hat Angst, auf etwas verzichten zu müssen. Dein Ego kennt die Liebe nicht – jene Freude und jenen Frieden, die du erreichst, wenn dein Ego klein geworden ist und wenn du gänzlich die Identifikation mit deinem Ego aufgegeben hast – wenn du dich Gott zurück gegeben hast.

Liebe, Freude und Frieden sind die obersten Bewusstseinsstufen vor der Erleuchtung. Wenn du dort ankommst, weist du erst, was du vorher versäumt hast. Kein Besitz, kein Geld, keine Macht, gibt dir dieses unglaubliche seelische Gefühl der Zufriedenheit und des Angenommenseins bei Gott.

Mit zunehmender Bewusstheit kletterst du die Bewusstseinsebenen hinauf in Richtung Liebe. Dabei wirst du gleichzeitig ein liebvollerer Mensch – vor allem zu dir selbst, denn da beginnt die Liebe. In der Selbstliebe hat echte Liebe ihre Wurzeln. Du wirst aber auch allgemein liebesfähiger, geduldiger, ruhiger, gerechter, verständnisvoller, klarer, selbstbewusster, werden. Aber nicht, weil du ein besserer „Vorname Nachname" wirst, sondern weil du dich immer mehr von der Identifikation mit diesem „Vorname Nachname" löst – weil du zum Ebenbild Gottes wirst.

Gott verbindet sich mit dir in der Erleuchtung, wenn du dem Ebenbild Gottes gerecht wirst. Dazu brauchst du nichts zu tun, als dich Gott hinzugeben. Das ist die

Bereitschaft dich Gott zurückzugeben, sowie ich es schon im Kapitel „Die Hingabe" beschrieben habe. Danach nimm dein Ego zurück, das heißt, nimm dich als „Vorname Nachname" nicht mehr so wichtig. Frage dich stets: Wie würde Gott an dieser Stelle handeln? Wie würde die Liebe handeln? Wenn du diese unendlich befreiende, göttliche Erfahrung machen willst und zum Licht der Welt werden willst, dann handle auch dementsprechend. Handle immer in dem Bewusstsein: Ich habe das bestmögliche getan – im Sinne aller beteiligten, im Sinne der Liebe, nicht in deinem eigenen Interesse. Das ist die Liebe, die Liebe schaut nicht auf ihr eigenes Interesse. Ja, du sollst dich auch nicht aufopfern, aber du sollst dich auch nicht bereichern. Liebe handelt immer im Sinne aller Beteiligten.

Wenn du darauf schaust, immer im Sinne der Liebe zu handeln, dann bis du auf einem guten Weg – den Gott ist die Liebe. Deshalb handle stets langsam und handle bewusst. Wenn du schnell handelst, wirst du das tun, was dein Ego dir sagt. Doch dein Ego kennt nur sich selbst, es kennt Gott nicht, es lebt in der Trennung. Solange du noch deinem Ego folgst, lebst du auch in der Trennung. Also folge deinem SELBST, folge der Liebe.

Die Trennung ist Wahnsinn. Sie ist der größte Irrtum, dem wir unterliegen. Dieser Irrtum verursacht unser aller Leiden und die meisten Missstände, die wir auf unserer Welt vorfinden. Indem du die Trennung in dir aufhebst, gehst du als Licht Gottes einen beispielhaften Weg. Ich wünsche dir von Herzen, dass du den Weg gehst, den Gott für dich vorgesehen hat. Das ist der Weg der Liebe. Gib dich Gott zurück, bring deine Seele nach Hause.

32.

Bei meinem

spirituellen Weg,

orientiere ich mich an

der Liebe, ich frage mich

stets, wie würde

die Liebe jetzt

handeln.

Ein besseres Leben

Auf deinem spirituellen Weg, verändert sich dein Leben, weil sich dein Bewusstsein verändert. Es transformiert von einem Ego-Bewusstsein, zu einem Gottes-Bewusstsein.

Dir wird zunehmend bewusst, dass deine wahre und einzige Identität nur Gott ist. Ich meine damit: Du bist Teil des göttlichen Geistes – du bist Teil des Lebens selbst, so wie wir alle. Dein Körper ist nur deine Maske. Es gibt sonst keine eigene wahre Identität. Deine Person – dein „Vorname Nachname" ist zwar dein Auftritt auf dieser Bühne Erde, aber das ist nur deine Identität auf dieser Formebene – es ist die Sichtbarmachung deiner Seele.

Auch das klingt zunächst wie eine herber Verlust, doch glaube mir: Nur dein Ego bildet sich ein, etwas außerhalb von Gott zu sein. Dein Gefühl „Ich bin Vorname Nachname" ist dein Ego. Deinen „Vorname Nachname" wirst du sowieso behalten, solange du hier mit deinem Körper unter uns bist, das ist klar. Aber es geht um das Bewusstsein, das du nichts außerhalb von Gott bist. Du musst begreifen, dass dies nur eine Illusion deines Egos ist. Dann bist du befreit und lebst ein freies Leben an der Seite Gottes. Dein Körper ist nur vergängliche Materie – du aber bist ewiger, göttlicher Geist.

Die Formebene ist eine Illusion. Auf dieser Formebene hattest du schon viele Auftritte – jede davon ist vergänglich und endlich. Wir leben viele Leben, bis wir wieder zu Gott zurückkehren. Wenn du den Weg der

Liebe weitergehst, wirst du dein Bewusstsein transformieren – das bedeutet, du wirst zur Liebe.

Wenn du dich Gott hingibst, wirst du auf dieser Formebene deinen Platz im Leben finden. Ich meine, du wirst vielleicht einen guten Job haben oder du hast ein gutgehendes Geschäft – das wird das Leben alles für dich bereithalten, damit du dich um nichts mehr kümmern musst. Du kannst dich dem Leben einfach hingeben – es wird für dich sorgen, da kannst du dir sicher sein.

Auf deinem spirituellen Weg greift dir Gott unter die Hände. Es wäre nicht der Weg zu Gott zurück, wenn du weiterhin mit dem Leben kämpfen oder dir große Sorgen ums Überleben machen müsstest. Mach einfach so weiter wie bisher, erledige deine Aufgaben und sieh zu, das du Zeit hast, weiterhin deiner spirituellen Praxis nachzukommen.

Die spirituelle Praxis – also die Zeit im SEIN und in der Meditation zu verbringen – wird ein fixer Bestandteil in deinem Leben werden. Du musst nicht jeden Tag eine Stunde meditieren – du wirst jeden Tag eine Stunde meditieren wollen. Das ergibt sich ganz von selbst. Einfach SEIN – einfach in der formlosen Meditation zu sein – wird Teil deines Lebens werden. Die Stille wird ein Teil deines Lebens, sie wird zu deinem Zuhause, einem Ort, an dem du dich wieder mit Gott verbindest. Ob du noch zusätzlich die Vipassana-Meditation machen willst, wird sich ergeben – höre dabei auf deine Intuition und auf dein Wohlbefinden.

Wenn du in einer Partnerschaft lebst, wird sich auch da vermutlich etwas verändern. Du wirst offener für die Liebe werden. Vielleicht bringst du neuen Schwung in deine Partnerschaft oder aber du suchst die Veränderung. Auf alle Fälle spielt die Liebe und der Sex am spirituellen Weg immer eine wesentliche Rolle. Du wirst eine neue Qualität in deinem Liebesspiel entdecken. Sie wird nicht mehr geprägt sein von schneller Befriedigung, sondern von einer liebevollen Hingabe und einem füreinander Dasein – in liebevoller und zärtlicher Art und Weise. Es wird sich eine spirituelle Liebe entwickeln, bei der es mehr auf ein Zusammensein geht, das keine Eile und keine Ziele kennt. Orgasmus nicht ausgeschlossen, aber nicht verzweifelt nötig.

Wenn man einen spirituellen Weg geht, dann steigt man die Bewusstseinsebenen empor. Wenn man höhere Bewusstseinsebenen erreicht, hat das Auswirkungen auf dein Leben. Die Auswirkungen können vielfältig sein – aber du kannst dir sicher sein, das sie auf lange Sicht dein Leben sehr bereichern.

Wenn dein Ego kleiner wird, hast du auch keine Lust mehr zu kämpfen. Auch das Vergleichen und das Kämpfen gegen andere – sei es jetzt im Sport oder im Beruf – wird dir zunehmend fremd werden. Das Obsiegen über andere brauchst du nicht mehr. Auch dies sieht anfänglich wie ein Verlust aus, aber glaube mir: Es ist eine neu gewonnene Freiheit, die du vorher nicht kanntest.

Das Siegen wird vielleicht keinen hohen Stellenwert mehr für dich haben, aber wenn du verlierst, wirst du zu einem würdevollen und gerechten Verlierer werden. Das macht dich sympathisch und loyal. Nur ein starkes Ego kann nicht verlieren und vergönnt dem Gegner keinen Sieg. Aber sei getrost: Zum Siegen braucht man kein starkes Ego, sondern einen starken Geist, der durch ein hohes Maß an Bewusstsein geformt wird.

Das Leben – Gott – bekämpft sich nicht selbst. Es ist einfach nicht notwendig und zunehmend lächerlich für dich, dir in irgendeiner Weise etwas zu beweisen. Auch das ist eine Veränderung, die mit zunehmender Bewusstseinsebene einhergeht. Aber dein Ego wird kleiner, und vor allem: Du lebst nicht mehr deine Ego-Rolle, sondern du lebst von nun an das göttliche Prinzip – das Prinzip der Liebe, der Freude und des Friedens.

Dir wird zunehmend klar, dass du kein Ego bist, sondern das Ebenbild Gottes – die Liebe. Für dein Leben und für das Leben anderer ist dies eine wunderbare Befreiung. Mit dieser Erkenntnis kehrt Frieden bei dir ein – und es wäre schön, wenn diesen Frieden auch andere Menschen finden würden. Dann hätten wir mehr Frieden auf dieser Welt.

Ich bin der Meinung, Gott will, dass wir zu ihm zurückkehren, nach und nach, jede einzelne Seele. Dazu gehört es, dass wir die Menschen aufklären – und dieses Buch soll ein Beitrag dazu sein.

Daher meine Botschaft: Gib dich Gott zurück, und werde zum Licht der Welt. Wir brauchen mehr Liebe auf der Erde.

33.

Auf meinem

spirituellen Weg, gibt es

Veränderungen in meinem

Leben. Ich gehe mutig den

Weg der Liebe weiter

und erkenne, das mir diese

Veränderungen

gut tun.

Selbstbewusst deinen Weg gehen

Wenn du dabei bist, dich selbst zu finden, entwickelst du auch ein echtes Selbstbewusstsein. Ich sagte schon: Die deutsche Sprache ist eine klare Sprache. Selbstbewusstsein bedeutet demnach, du bist dir deiner SELBST bewusst. Dies unterscheidet sich maßgeblich von einem aufgesetzten Selbstbewusstsein, da es ein echtes Selbstbewusstsein ist und nicht von äußerlichen Faktoren, also von Faktoren an der Oberfläche, abhängt.

Dieses Selbstbewusstsein ist gut und du wirst es brauchen, weil nicht jeder wird die Veränderungen, die sich in dir vollziehen, gut heißen. Wenn du dann kein echtes Selbstbewusstsein hast, lässt du dich leicht beirren, weil dein Ego immer auch den anderen gefallen will. Verzichte auf das Gefallen anderer, verzichte auf den Zuspruch anderer – sie kennen vermutlich nur die Welt des Egos, sie kennen den Weg der Liebe nicht, sie stehen auf anderen Bewusstseinsebenen wie du.

Du veränderst dich im Laufe deiner spirituellen Entwicklung. Du veränderst dich, weil du keinen Lärm mehr brauchst, sondern die Stille vorziehst. Weil du das Alleinsein vorziehst und nicht den Smalltalk über so manche Themen. Weil du keinen Alkohol etc. mehr brauchst, um dich gut zu fühlen und um dich nicht zu spüren – du willst dich nämlich spüren. Weil du dich nicht mehr für irgendetwas oder irgendjemand verbiegst, nur um zu gefallen und dazuzugehören. Weil du dir selbst der beste Freund bist, und niemanden brauchst, der dir den Rücken stärkt. Weil du am Weg zu Gott bist und du so, wie es ist, einfach glücklich bist. Weil du dein SEIN genießt, ohne auf dein Ego zu reagieren. Weil du dabei bist, aus deinem Ego auszusteigen, um in dein SELBST zu kommen. Dein SELBST ist das Ebenbild Gottes, und dein Ego wird dabei zur Nebensache.

Du wirst auch von deinen Mitmenschen als anders wahrgenommen werden. Du wirst Freunde verlieren, die keine echten Freunde waren, weil du nichts mehr mit ihnen anfangen kannst – und sie mit dir nicht. Vielleicht wirst du mit dem einen oder anderen neuen Freund eine tiefere Freundschaft eingehen, die geprägt ist von Liebe und von ehrlicher Anteilnahme. Vielleicht wirst du Menschen treffen, die auf einem ähnlichen Weg sind wie du – Gleiches zieht Gleiches an: das Gesetz der Resonanz. Auf alle Fälle hast du Gott als deinen Freund gefunden. Du wirst zum Ebenbild Gottes, in deinem tiefsten Bewusstsein.

Akzeptiere die Meinung anderer Menschen, aber nimm sie nicht wichtig. Mach deinen Weg nicht davon abhängig, was andere davon halten. Gehe selbstbewusst deinen Weg der Liebe weiter.

Viele Veränderungen werden sich bemerkbar machen, aber es werden positive Veränderungen sein. Die Gegenwart anderer Menschen wird dir zunehmend unwichtiger werden. Das macht dich frei und unabhängig. Gott zieht bei dir ein – in deinem Bewusstsein wird es keine Einsamkeit mehr geben. Einsamkeit ist eine Wahrnehmung deines Egos, da es in der Trennung lebt. Du beginnst, das Alleinsein zu genießen – es ist so herrlich und frei. Einfach SEIN, ohne irgendetwas, ohne Jammern, ohne Nörgeln, ohne den ewigen Smalltalk über die Illusionen der materiellen Welt.

Du kannst dieses materielle Leben durchaus noch genießen, aber du genießt es anders als vorher. Du genießt es stiller, du genießt es von Moment zu Moment.

Die meiste Zeit wirst du es im SEIN genießen. Das Bewusst-SEIN ist zu deinem Lebensmittelpunkt geworden. Wenn sich dein Ego ab und zu meldet und dir vorgaukelt, du hast Angst oder Neid oder Eifersucht, etc. dann bleibst du sitzen, gehst in die Stille und beobachtest es – um nach kurzer Zeit zur Erkenntnis zu kommen, dass dies nur dein Ego ist.

Ich will damit nicht sagen, dass du dem weltlichen Spaß den Rücken kehrst. Nein, du kannst auch mal feiern, abtanzen und Party machen. Aber es wird sich für dich auch gut anfühlen, wenn dies wieder vorbei ist, denn dies ist nur der Spaß an der Oberfläche. Am Weg nach oben entwickelst du eine Art Grundfreude in dir, die nicht von dieser Welt ist. Freude ist einer der obersten Bewusstseinsebenen – das hat einen Grund. Diese Freude, die du in dir trägst, wenn du oben ankommst, ist mit nichts zu vergleichen. Dieses „Hi Hi Hi" an der Oberfläche wird dir zunehmend fremd werden. Wenn du lachst, dann lachst du aus deinem ganzen liebenden Herzen heraus.

Das heißt nicht, dass du mit einem ewigen Grinsen durch den Tag läufst – nein, natürlich nicht. Du hast diese Freude in dir, die dir sonst nichts und niemand geben kann. Deshalb fragst du dich: Was soll das ganze eigentlich? Warum eine Party feiern? Das Leben ist doch sowieso schon ein Fest. Das eine oder andere, dass dir Spaß macht, ist nur noch eine Draufgabe.

34.

Auf meinen Weg

lasse ich mich von

anderen nicht beirren,

ich weiß das am Ende die Liebe,

die Freude und der

Frieden wartet.

Werde zu deinem Beobachter

Das Ego ist eine Stimme in dir, die aus deinem kleinen ICH kommt – aus der Vorstellung deines Verstandes, ein getrenntes Wesen von Gott zu sein. Es glaubt, es ist ein Körper, der stirbt, daher kämpft es täglich ums Überleben. Dies äußert sich in unterschiedlichen Ausprägungen.

Du hast immer die Wahl, auf diese Stimme deines Egos in dir zu hören oder auf die Stimme des Heiligen Geistes, das ist die Stimme Gottes. Durch zunehmende Bewusstheit, kletterst du die Bewusstseinsebenen hinauf, und du erkennst immer mehr den Unterschied zwischen deiner Ego-Stimme und der Stimme Gottes. Die Angst ist immer das Ego und somit eine Illusion, aber Gott ist die Liebe.

Beginne, ein Zeugenbewusstsein zu entwickeln. Das bedeutet, dass du dich von der Identifikation mit deinem Ego löst und dieses Ego als eine eigene Instanz, die ausschließlich deine Person betrifft, erkennst und beginnst zu beobachten. Du identifizierst dich fortan nicht mehr mit deinem Ego, sondern du wirst Zeuge deines Egos – also deiner eigenen Person.

Du kommst dabei immer mehr in dein höheres ICH – dein SELBST, dass deine wahre und ewige Identität ist. Du beginnst, die bislang falsche Identifikation mit deinem Ego zu beenden und wirst stattdessen zum Beobachter dessen.

Auf den oberen Bewusstseinsebenen wirst du in deinem Bewusstsein wieder zum Ebenbild Gottes. Du wirst die geistige, göttliche Ausdehnung, und das Ego ist von nun an nur noch eine Funktion deiner Person – deines Körpers. Du kannst jetzt jederzeit unterscheiden, ob die Stimme in dir dein Ego ist oder nicht, wenn du dich bewusst beobachtest. Durch diese Beobachtung gehst du automatisch über dein Ego-Denken hinaus, und bist in deinem SELBST, das angebunden ist an den Heiligen Geist.

Du wirst zum Sprachrohr Gottes, wenn du dies zulässt. Dies kannst du jederzeit ausprobieren: Stelle dein eigenes Denken einmal völlig ein und lass dich einfach nur durch deine Intuition führen. Du wirst sehen, wie vollautomatisch alles abläuft, und es ist wunderbar und schön.

Das heißt nicht, dass sich dein Ego nicht mehr melden wird. Du hast ja nach wie vor einen Körper und stellst nach wie vor auch eine Person dar. Aber du weißt, dass dies die Stimme deines Egos ist, und es ist nicht zwingend notwendig, dieser Stimme zu folgen. Solange du hier als „Vorname Nachname" auf dieser Erde bist, wirst du auch ein Ego haben. Dein Ego wird nicht sterben solange es deinen Körper gibt. Aber du selbst entscheidest, ob du ein egobestimmtes Leben leben willst, das einem fremdbestimmten Leben gleicht, oder ein SELBST-bestimmtes Leben.

Dein Ego ist immer Teil der Illusion, also dem vergänglichen Dasein an der Oberfläche. Dein SELBST ist Teil des echten, ewigen Lebens. Das echte Leben spürst du, wenn du dich hinsetzt, ruhig wirst und meditierst. Dann spürst du das echte Leben, bis unter die Haut.

35.

Wenn ich beginne

mich selbst zu beobachten,

komme ich in mein Selbst

und steige so die

Bewusstseinsebenen

hinauf.

Die Stille ist ein heilsamer Ort

Der spirituelle Weg ist ein Weg, der begleitet wird von Meditation, Liebe und Stille. In der Hektik des Alltags kann man sich nicht selbst finden. Immer mehr erkennst du die heilsame Wirkung der Stille. Die Stille ist der Raum, in dem du Gott begegnest – in dem du dich zu Hause fühlst – in dem du wieder in deine Mitte kommst. Du tankst in der Stille wieder auf und bist dann wieder bereit, „deinen Mann zu stehen", also deine Aufgaben zu bewältigen und deinen Verpflichtungen nachzukommen. Aber du wirst immer wieder in diese Stille zurückkehren wollen, weil es für dich der Ort geworden ist, an dem du deine Batterien auflädst.

Du findest dich selbst bedeutet, dass du Gott findest, und Gott findest du nur in der Stille, weil es in der geistigen Welt diesen Lärm nicht gibt, den wir hier in der materiellen Welt kennen. Die beiden Welten sind zwar gleichzeitig am selben Ort, aber sie haben unterschiedliche Schwingungen und Bewusstseinsebenen. Die geistige Welt ist eine Welt des Friedens, eine ruhige Welt, die keine Worte braucht. Nicht mal Musik ist hier zu hören – die Stille ist die Musik selbst – sie wird für dich zur Musik des Lebens.

Wenn du eintauchst in diese Stille, wenn du dich ihr richtig hingibst, wirst du merken, dass von ihr ein Frieden ausgeht, den du sonst in dieser Art an keinem anderen Ort finden kannst. Dieser Frieden ist mit nichts vergleichbar, er ist von einer anderen Welt, er ist göttlich.

Jedoch ist der Ort, an dem du diesen Frieden finden kannst, kein Ort im Sinne eines geographischem

Platzes, an dem du dich befindest, sondern ein Ort, der unabhängig davon ist, wo du dich befindest. Es gibt diese Stille überall, du musst nur lernen, sie wahrzunehmen. Es ist im Grunde eine Stille in dir, ein Herausgehen aus deinem lauten Umfeld und ein Hineingehen in dich selbst, dorthin, wo Stille stattfinden kann.

Es ist eine Frage der richtigen Wahrnehmung. Grundsätzlich kannst du die Stille auch in einem lauten Umfeld wahrnehmen, wenn du geübt und sensibel dafür bist. Wenn du gelernt hast, dich auf dich zu beziehen, auf dein Inneres, in deinem Brustraum, dort, wo dein energetisches Herz sitzt – dort findet Stille statt. Ein ruhiges Umfeld ohne Ablenkungen macht die Sache natürlich leichter und unterstreicht die Stille in deinem inneren mit Stille im Außen.

Für manche Menschen ist die Stille noch etwas Unangenehmes. Sie sagen zwar: „Ich will Ruhe und Entspannung", aber sie meinen, sie wollen keine Arbeit und keine Hektik. Stille jedoch wollen sie auch nicht. Stattdessen lenken sie sich ab und hören dann Musik, schauen Filme oder beschäftigen sich mit den neuen Medien. Im besten Fall lesen sie ein Buch. Aber sie lenken sich ab, um nicht wirklich in die Stille zu kommen, die in ihnen stattfinden könnte, wenn sie es zulassen würden.

Wenn du dich ablenkst, kannst du aber nicht zur echten Stille kommen. Zur echten Stille gelangst du nur ohne Ablenkung, ohne Musik, ohne Medien, ohne Buch und ohne Denken. Schaffe dir ein ruhiges Umfeld und versuche, dein Denken einzustellen.

Stille ist etwas das entsteht, wenn auf Ablenkungen verzichtet wird. Die oben beschriebenen Ablenkungen werden zu Störfaktoren, und es kann keine Stille aufkommen. Die Abwesenheit von Ablenkungen schafft erst den Raum für die Stille. Dazu ist eine echte Bereitschaft notwendig. Wir sind so an die Ablenkungen gewöhnt, dass wir sie nicht als Störfaktoren wahrnehmen. Aber um die echte Stille zu erfahren, sind Musik, Film, Fernsehen, Medien aller Art, Unterhaltung, Lesen und Denken, Ablenkungen.

Die Stille ist ein Bewusstseinsfeld mit einer sehr hohen Schwingung – die Liebe. Durch Verweilen in diesem Bewusstseinsfeld wirkt diese hohe Schwingung auf dich, sodass deine eigene Schwingung erhöht wird. So kletterst du die Bewusstseinsebenen hinauf.

Auf höheren Bewusstseinsebenen wird die Stille dein Zuhause. Du empfindest dann die Ablenkungen als störend und möchtest in diesem stillen Raum verweilen. Er vermittelt dir einen Ort der Geborgenheit, einen Ort, an dem du angekommen bist und in dem du einen absoluten Frieden gefunden hast. Es ist schlichtweg die Meditation, in der du dein Zuhause findest. Die Stille und Meditation wird dein ständiger Begleiter.

Dein Leben auf der Formebene – im Außen – ist eine schöne Abwechslung, die du auch sehr genießt. Aber die Stille – die Meditation – ist immer wieder ein spiritueller Ausflug in die geistige Welt – zu deinen geistigen Wuzeln – den du nicht mehr missen willst. Es ist ein Besuch bei Gott, deinem Vater. Die Formebene wird zur schönen Nebensache.

36.

Wenn ich mich am

spirituellen Weg befinde,

wird Stille und Meditation

ein wichtiger Bestandteil

meines Lebens –

es wird mein Zuhause.

Du kommst mit der Welt in den Frieden

Wenn du am spirituellen Weg bist, erkennst du immer mehr, dass das Leben so, wie es ist, friedlich und in Ordnung ist. Die negativen Umstände und Schwierigkeiten in unserer Gesellschaft machen sich die Menschen selbst.

Das Ego hat die Vorstellung, ein getrenntes Wesen von Gott zu sein – ein Körper, der stirbt. Diese Vorstellung verursacht Angst. Jeder Mensch, der ein starkes Ego hat und seinem Ego glaubt, ist quasi ein Einzelkämpfer und betrachtet seine Mitmenschen als Bedrohung.

Diese Angst lässt uns um unser Überleben kämpfen und hat verschieden Ausprägungen, wie Macht, Gier, Eifersucht, Stolz, Neid, Missgunst, Gewalt, etc.

Aus diesem Grund werden Kriege geführt, Menschen hungern und werden ausgebeutet oder physisch und psychisch misshandelt. Das muss nicht sein, und das können wir ändern.

Nach dem Erkennen und Bewusstwerden, dass du nicht dein Ego bist, das glaubt, du seist ein Körper – ein getrenntes Ich von Gott –, beginnst du, ein anderer Mensch zu werden. Dieses Erkennen und Bewusstwerden entsteht allmählich; es braucht Zeit. Aber das Wissen, dass du kein Körper bist der stirbt, ist die Grundvoraussetzung dafür. Du bist ewiger Geist, Teil des göttlichen Geistes – du bist reines Bewusstsein, reine Liebe.

Auf deinem spirituellen Weg wirst du nach und nach die Welt auf der Formebene – die duale Welt – als etwas akzeptieren, das einfach so ist, wie es ist. Du kannst diese Welt nicht ändern. Sie ist ein Schauplatz – eine Bühne, auf der wir uns eine Zeit lang befinden, um uns hier als Mensch, mit unserem Körper als Erfahrungsinstrument weiterzuentwickeln.

Diese materielle Welt – diese Bühne – kannst du nicht verändern, du kannst dich nur selbst ändern, indem du mit dir in den Frieden kommst. Wenn du einmal mit dir selbst in den Frieden kommst, dann wirst du mit der Welt Frieden schließen – vor allem mit deiner eigenen Welt.

Damit meine ich, deine Person, deinen Körper, dein unmittelbares Umfeld, dein Job, dein Familienleben, deine Partnerschaft, etc. Kämpfe nicht dagegen an. Wenn es etwas gibt, dass du ändern kannst, dann ändere es – aber komm in den Frieden. Wenn du etwas nicht verändern kannst, dann akzeptiere, dass es eben jetzt momentan so ist. Schließe Frieden damit und vertraue darauf, dass dir das Leben nur Gutes will. Wenn du deine Lektion gemacht hast und du es nicht mehr brauchst, wird es sich verändern.

Dein Frieden mit dir und mit deinem unmittelbaren Umfeld wird sich auf alle Bereiche ausbreiten. Du akzeptierst die Welt allmählich so, wie sie ist. Dein Urvertrauen wird größer; es weiß, dass alles seinen Sinn hat, auch wenn es momentan nicht so aussieht. Das kollektive Ego auf dieser Welt treibt sein Unwesen, aber es bereinigt sich allmählich. Die vermeintlichen globalen Missstände sind nur Erfahrungen und notwendige Ereignisse, um die Welt zu verbessern. Um die Form brauchen wir uns nicht zu kümmern. Sie kommt und geht in verschiedener Art und Weise – das Leben bleibt, auf ewig.

Der Frieden breitet sich aus – zuerst auf dich, dann auf deine Freunde und weiter auf die gesamte Menschheit. Es herrscht ein kollektives Erwachen; nach und nach finden die Menschen zu Gott zurück. Es ist nur noch eine Frage der Zeit, bis ein globaler Weltfrieden herrschen wird.

In einigen asiatischen Ländern kommen nur Erleuchtete Menschen in die Politik und an die Macht. Die Menschen in diesen Ländern zählen zu den glücklichsten Menschen der Welt.

Erleuchtung ist ansteckend, der Bewusstseinszustand der Liebe ist übertragbar. Liebe ist ein Bewusstseinsfeld mit sehr hoher Frequenz, das sich langsam, aber stetig ausbreitet. Liebe ist stärker als die Angst, weil die Angst nicht echt ist. Angst ist nur eine Illusion – sowie das Ego nur eine Illusion ist.

Je kleiner dein Ego wird – das heißt, je mehr du es durchschaust, es läuterst und du dich nicht damit identifizierst –, desto mehr Frieden wirst du in dir wahrnehmen. Dieser Frieden ist nicht von dieser Welt; es ist das Göttliche, das sich in dir breitmacht. Der Heilige Geist zieht bei dir ein, dein Ego macht Platz für das Göttliche in dir.

Liebe ist göttlich – Liebe ist das Leben selbst – du bist die Liebe und das Leben.

37.

Mit

zunehmender

Erkenntnis, komme ich mit

mir und der Welt in den Frieden.

Es ist ein innerer Frieden,

der nicht von dieser Welt ist.

Es ist der göttliche Frieden

der sich in mir breit macht,

wenn das Ego

kleiner wird.

Formebene – Seinsebene

Mit dem Aufstieg in höhere Bewusstseinsebenen beginnst du allmählich, immer mehr zu unterscheiden was sich auf der Formebene – also in der materiellen Welt – abspielt, und was sich auf der Seinsebene – also in der geistigen Welt – abspielt.

Dies ist deshalb so, weil du nun auch auf der Seinsebene zu Hause bist. Zuvor war nur die Formebene für dich relevant und bewusst greifbar. Dein Leben wird zunehmend eine Gradwanderung zwischen Formebene – der materiellen Welt, und der Seinsebene – der geistigen Welt werden.

Durch die Meditation – durch dein reines SEIN, ohne Denken, ohne Tun, einfach SEIN, trittst du in die geistige Welt – in die Seinsebene, ein. Dort ist Gott zu Hause, dort kannst du Gott begegnen, dort kannst du dir selbst begegnen.

Die Seinsebene ist ein Ort des Friedens, ein Ort der Liebe und Freude. Dieser Ort ist dein wahres zu Hause, von dort kommst du her, dorthin kehrst du zurück.

Durch spirituelle Praxis wie Meditation, Geistesschulung und die Hingabe an Gott, gehst du tiefer in die geistige Welt - in die Seinsebene. Dadurch wirst du in der Folge mehr Frieden und mehr Freude in dein Leben bringen.

Dies ist nicht die Freude, die wir aus der materiellen Welt kennen, in Form von Spaß und Party. Es ist eine spirituelle Freude, die aus deinem Aufstieg in höhere Bewusstseinsebenen entspringt, und die aus der Öffnung deiner Chakren und dem Aufsteigen deiner

Kundalini-Energie entsteht. Es ist eine ekstatische Freude, die nicht an äußere Umstände gebunden ist.

Auch der Frieden ist nicht jener Frieden, den wir aus der materiellen Welt kennen, den wir verspüren, wenn wir satt sind, wenn wir nach einem schönen und erfolgreichen Tag müde ins Bett gehen oder wenn wir materiell versorgt sind. Dies ist ein Frieden deines Egos – deines Körpers, der natürlich auch okay ist.

Aber ich spreche von dem spirituellen Frieden, der in dir entsteht, aus dem Bewusstsein dies alles nicht mehr zu brauchen, weil du dich nicht mehr als Körper wahrnimmst. Du hast einen Körper, aber du bist kein Körper. Weil du den Tod nicht mehr fürchtest, weil du weißt, das du ewig bist – ewiger Geist, ewige göttliche Präsenz, ewiges Leben. Dieser Frieden ist nicht an Äußerlichkeiten gebunden, er entsteht einfach aus deinem Bewusstsein: Es ist gut, wie es jetzt ist, aber wenn es anders ist, ist es auch okay.

Versteh mich nicht falsch – ich weiß, wie schön es ist, die Freuden auf der materiellen Ebene zu genießen. Dazu sind wir Mensch, das ist wunderbar, genieße es, solange es geht. Aber ich möchte dir hier aufzeigen, dass es eine Freude und einen Frieden gibt, die nicht von dieser Welt sind – nicht von dieser materiellen Welt, die wir kennen.

Diesen ewigen Frieden und diese Freude findest du auf deinem spirituellen Weg. Dieser Frieden und diese Freude sind die Geschenke, die Gott für dich bereithält, wenn du bei ihm ankommst.

Wenn du erkennst, dass du kein Körper bist, sondern reiner Geist, dann wirst du Teil der geistigen Welt. Dein Bewusstsein ist wieder offen für die geistige Welt, dein Ego wir kleiner. Deine Vorstellung, ein von Gott getrennter Körper zu sein, wird korrigiert – wird wieder aufgehoben.

Mit zunehmender spiritueller Weiterentwicklung wirst du Teil der geistigen Welt, bleibst aber natürlich nach wie vor als Mensch in der materiellen Welt. Doch die Probleme, die es nur in der materiellen Welt – also auf der Formebene gibt, wie Krankheit, Armut, Sorgen, Angst, Einsamkeit, etc., haben mit zunehmender Hingabe an Gott – an die geistige Welt – keinen Platz mehr in deinem Leben.

Du identifizierst dich nicht mehr mit deinem Körper, mit deinem Ego, mit der materiellen Welt, sondern mit der geistigen Welt. Zumindest gibt es jetzt beides für dich, und du entscheidest, wie sehr du dich welcher Welt hingeben willst.

Vieles, was in der materiellen Welt wichtig erscheint, wird für dich keine Bedeutung mehr haben. Dein SEIN, dein Frieden, die Stille, die bedingungslose Freude und die Liebe, sind alles Attribute der geistigen Welt und sind nun ein wichtiger Teil deines Lebens. Sie werden dein Zuhause und bereichern dein Leben ungemein.

38.

Auf höheren

Bewusstseinsebenen

wird die geistige Welt

mein zweites zu Hause.

Die materielle Welt

bleibt eine Bühne

auf der ich mein Menschsein

ausleben kann.

Der Umgang mit deinem Ego

Wie schon erwähnt, wird auch auf höheren Bewusstseinsebenen, dein Ego nicht sterben. Es ist sicher kleiner geworden, aber es ist nach wie vor vorhanden. Du weißt zwar jetzt, dass du nicht dieses Ego – dieses kleine ICH – bist, sondern dass dies eine eigene Instanz in deinem Kopf ist, die dir in deiner Rolle als Mensch – als Vorname Nachname – innewohnt.

Dieses Ego ist die Stimme in dir, die in Form deiner Gedanken zu dir spricht, und es wird weiter versuchen, dich zu beeinflussen und über dein Leben zu bestimmen. Dein Ego ist immer die Stimme der Angst in dir. Es fühlt sich von Gott getrennt – als sterblicher Körper – und ist daher ängstlich. Wenn du also Gedanken der Angst, der Minderwertigkeit, der Eifersucht, der Kleinheit hast, dann ist das dein Ego. Spiele dieses Spiel nicht mehr mit, sondern entscheide dich für die Liebe.

Idealerweise bist du zum Beobachter deines Egos geworden, und du solltest dieses Ego weitgehend ignorieren, es wird dann immer leiser werden. Dein Ego ist meist angstbesetzt. Es sieht sich als von Gott getrenntes Lebewesen, das sterblich ist und ums Überleben kämpfen muss.

All deine Angst, deine Unsicherheit, der Erfolgsdruck, den du verspürst, die Macht, die du über andere ausüben möchtest, deine Eifersucht, dein Machogehabe, dein Stark-sein-Wollen, etc. kommen aus deinem Ego.

Wie schon gesagt, handelt es sich beim Ego um dein kleines Ich, welches nichts mit deinem wahren SEIN zu tun hat. Dein wahres SEIN ist deine göttliche, geistige Präsenz. Es ist dein Bewusstsein, dein Geist, der – wenn du bewusst genug bist – über deinem Ego steht und über dein Ego wacht. Nur durch deinen bewussten Geist entscheidest du, ob du deinem Ego glauben willst – ob du der Illusion glauben willst oder nicht.

Wenn dein Ego dir sagt: „Du schaffst das nicht" – und es spricht immer in Form deiner Gedanken mit dir –, dann liegt es an dir, wie du darauf reagierst.

Bist du in Unkenntnis über dein Ego und handelst unbewusst, wirst du dieses „Du schaffst das nicht" wahrscheinlich glauben, und es wird sich demnach manifestieren. Bist du aber in Kenntnis über die Funktion deines Egos, über die Illusion, die dir dein Ego vorgaukelt, und gehst bewusst damit um, wirst du dieses „Du schaffst das nicht" zwar in Form deiner Gedanken wahrnehmen, aber erkennen, dass dies bloß dein Ego ist und keine Bedeutung hat.

Beginne, bewusst deine Gedanken zu hinterfragen. Glaube nicht der Angst – sie kommt vom Ego. Glaube der Liebe, gehe den Weg der Liebe. Es ist ganz einfach: Wenn du nicht der Angst folgst, dann folgst du der Liebe – etwas anderes gibt es nicht. Gott ist die Liebe, und Gott ist alles was ist, aber Gott ist nicht die Angst.

39.

Mit zunehmender

Bewusstheit, habe ich mein

Ego im Griff, ich erkenne seine

Stimme und entscheide selbst

ob ich dieser Stimme

glaube, oder nicht.

Aller Anfang ist leicht

Wenn du den Weg der Liebe gehst, ist das eine grundsätzliche Entscheidung. Es ist eine Entscheidung zu einem Weg zu dir SELBST – einem Weg zu Gott. Um diesen Weg einzuschlagen, müssen wir ein paar Gewohnheiten ändern.

Entschleunige dein Leben, gehe etwas lockerer an die Sache heran, verkrampf dich nicht so – nicht im Beruf, nicht bei der Partnersuche und auch sonst nirgendwo. Du brauchst das alles nicht. Sieh mal: Was ist wirklich wichtig für dich? Setz dich mal hin und denk mal darüber nach.

Wir laufen oft Dingen, Erfolgen und Menschen hinterher, die wir gar nicht wirklich brauchen – nur dein Ego glaubt, dies zu brauchen. Es kostet dich nur sehr viel Zeit und Energie. Was wirklich zählt, ist, dass du weißt, wer du bist, dass du glücklich bist und dass du dich liebst – bedingungslos liebst, ohne Wenn und Aber. Alles andere, was für dein Glück, deine Freude, deine Liebe und deinen Frieden notwendig ist, kommt dann automatisch in dein Leben, wenn du loslässt.

Beginne damit, dein Leben nicht von früh bis spät durchzuplanen. Lege immer wieder Pausen ein, in denen du einfach nichts machst und ruhig wirst, also in die Meditation kommst.

Bewusst Sein, sowie ich es oben beschrieben habe, ist sehr einfach – du musst es nur tun.

Wenn du ständig im beschäftigt bist – am Handy, beim Quatschen oder Fernsehen –, dann bleibt womöglich keine Zeit, um bewusst zu Sein. Du kannst aber erst erkennen, wie wichtig und wertvoll diese stille Zeit ist, wenn du es einmal eine Zeitlang praktizierst.

Lass dich hineinfallen in das Nichts, in die Stille, in die reine Beobachtung und Wahrnehmung. Lerne, dich selbst auszuhalten, ohne Aktivität, einfach still zu sein und zu fühlen.

Spüre das Leben in dir, dieses Prickeln, wenn du dich völlig entspannst und in der Meditation, in deinen Körper hinein fühlst.

Dann fühlst du deinen Geist – der in jeder deiner Körperzellen ist. Du spürst diese hohe Schwingung in der du in der Meditation eintauchst. Sei ganz präsent und spüre dich einfach nur, bis unter die Haut.

Lass deine Gedanken los. Das Denken ist eine beliebte Tätigkeit deines Egos – deines Verstandes. Es sind hautsächlich Gedanken, die sich immer wieder im Kreis drehen.

Bewusst Sein heißt auch, bewusst mit dem Denken aufzuhören, den Verstand loszulassen, aus dem Verstand herauszugehen – also eigentlich über den Verstand hinaus zu gehen. Das kannst du lernen, es ist nicht schwer, es ist nur Übungssache.

Durch dein Sein – durch deine Meditation – begibst du dich in ein Bewusstseinsfeld, das eine höhere Schwingung hat als unser Egodenken. Du trittst ein in die geistige Welt, dort wo Gott zu Hause ist. Es ist eine Hingabe an Gott – eine Hingabe an das Leben.

Mach einen Spaziergang in der Natur, ohne Ablenkung. Die Natur ist ein wunderschöner und idealer Ort, an dem du dich mit Gott verbinden kannst. Es ist still, und doch ist überall Leben um dich. Jeder Baum, jede Pflanze, jedes Tier ist eine Ausdehnung Gottes – so wie du selbst eine Ausdehnung Gottes bist.

Genieße diese Stille in der Natur. Höre auf zu denken und bewege dich langsamen Schrittes auf deinem Weg. Reduziere dein Denken und beginne, mehr zu fühlen und zu beobachten. Fühle auch in dich hinein: Wie zufrieden bist du schon? Spürst du noch Unbehagen in dieser stillen Natur, oder hast du sie schon lieben gelernt, die Stille und die Natur?

Die Natur ist eine Ego-freie Zone. Hier kannst du den Frieden spüren, der von Gott ausgeht. Die Abwesenheit von Egos zeigt uns, wie friedlich das Leben sein kann. Im Gegenzug erkennen wir, dass es nur das Ego ist, das Unfrieden hervorbringt.

Das Ego, das in jedem Menschen vorhanden ist, müssen wir lernen zu erkennen und bewusst zu erziehen, sodass es ein liebevolles Ego wird. Es darf keinen Schaden anrichten, es soll ein friedvolles, ein liebevolles Ego werden – ein Ego, das weiß, dass es eigentlich nicht gebraucht wird, weil wir eins sind in Gott, weil wir Liebe sind.

Dein hoher Grad an Bewusstsein macht aus einem unkontrollierten, starken Ego, das dich bisher gesteuert hat, ein kleines, kontrolliertes Ego. Lass dich von nun an, von deinem hohen Grad an Bewusstsein steuern – von deinem Selbst – und gehe selbstbewusst deinen Weg.

40.

Spiritualität ist

immer der Weg zu mir selbst,

der Weg zu Gott.

Dieser Weg beginnt

mit Meditation und

führt in eine Hingabe

an das Leben,

denn ich selbst,

bin das Leben.

Loslassen und vertrauen

Wenn man eine Reise macht, kommt man irgendwann am Ziel an. Bei dieser spirituellen Reise, ist der Weg das Ziel, und dem Ankommen kommst du insofern näher, in dem du das Erreichen eines Zieles einfach loslässt und Gott vertraust.

Es ist wie in der Liebe: Wenn du verliebt bist, genießt du diese Zeit und hoffst, sie möge nie wieder zu Ende gehen. Mit der gleichen Einstellung kannst du auch an die Reise zu dir selbst herangehen. Es ist eine Liebesbeziehung zu dir selbst, die sich in eine Liebesbeziehung zu Gott wandelt, wenn du dein Herz offen hältst.

Du brauchst nirgendwo ankommen – außer in deinem eigenen Herzen. Je mehr du dich nach irgendeinen Ziel orientierst, desto weiter entfernst du dich wieder weg von dir, weg von der Liebe. Gott wohnt in dir, in deinem Herzen.

Da bei der Selbstfindung die Reise, also der Weg, an sich schon das Ziel ist, ist es eine wundervolle Reise ins Unendliche, ins Ewige sozusagen. Es ist wie eine ewige Liebesbeziehung zu dir selbst.

Du liebst einfach und bist sehr glücklich dabei. Es gibt kein Ziel und auch kein Ankommen, du willst einfach die Zeit genießen. So solltest du die spirituelle Reise sehen. Jede Stunde, die du mit dir und in der Meditation verbringst – verträumt, verspielt, einfach nur im Sein –, ist eine wunderschöne Zeit in Liebe.

Du bist bereits dann angekommen, wenn du dich in die Meditation verliebt hast, denn diese Meditation ist wahrlich ein Spiel mit der Liebe. Dieses Bewusstseinsfeld, in das du dich bei der Meditation hineinbegibst, ist die Liebe. Und wenn ich sage „Du bist Liebe" dann meine ich, dass du diesen Bewusstseinszustand – diese Bewusstseinsebene „Liebe" – erreicht hast.

Das einzige, was du dir zum Ziel setzen kannst, ist, zu lernen, dich zu lieben. Gott liebt dich auch – er liebt dich unendlich und bedingungslos. Fange also an, es ihm gleich zu tun – also dich auch so unendlich und bedingungslos zu lieben wie Gott. Dann kannst du zum Ebenbild Gottes werden.

Es ist eine Reise nach Innen und ein Ankommen in deinem Herzen. Und in deinem Herzen, in deiner Essenz, bist du göttliche Ausdehnung – göttliche Präsenz.

Ich vergleiche es gerne mit der Sonne. Die Sonne können wir aus der Ferne sehen, doch Ihre Ausdehnung – ihre Strahlen, ihre Präsenz – ist überall vorhanden. Wir spüren sie direkt auf unserer Haut; ohne Sonne hätten wir kein Licht auf der Erde. Sie erstrahlt und erhellt unseren Planeten und das Universum.

Mit Gott ist es genauso. Gott ist der Ursprung – die Quelle – des Lebens, der Schöpfer allen Lebens, und seine Ausdehnung – seine Präsenz ist überall vorhanden. In jedem Lebewesen präsentiert sich Gott in Form von Leben.

Gott hat viele Gesichter, viele Erscheinungsformen –
auch du bist eine davon. Oder anders ausgedrückt: Wir
sind alle Kinder Gottes.

Wenn du zum Ebenbild Gottes wirst, zum Licht der Welt,
dann ist es in deinem Bewusstsein angekommen, dass
du in deinem Kern kein von Gott getrennter Körper bist,
sondern dass du Teil von Gott bist – dass du ewiges
Leben bist, das Licht Gottes.

Du bist kein materieller Körper, sondern du bist ewiger
Geist, der immer wieder die Rolle eines Menschen
einnimmt, der immer wieder einen Körper beseelt. Dein
Körper ist deine vorübergehende Form – deine Persona,
deine Maske. Er dient dir als Erfahrungsinstrument in
dieser materiellen Welt und als Werkzeug, um dich auf
den Bewusstseinsebenen empor zu entwickeln.

Auf deiner Reise gehst du eine echte Beziehung mit
Gott, mit dem Leben ein. Du wirst ganz bewusst Teil des
Lebens – das Ebenbild Gottes. Es ist quasi die Hochzeit,
der Bund fürs Leben, zwischen dir und Gott. Dein Ego ist
sehr klein geworden; es überschattet nicht mehr deine
wahre Identität. Du bist nun ein Teil der Schöpfung,
göttliche Anwesenheit in menschlicher Gestalt – du bist
Liebe.

Du kämpfst nicht mehr gegen das Leben an, vielmehr
bist du ein Verbündeter des Lebens. Das Leben spielt dir
in die Hände; es läuft leicht und unbeschwert. Deine
Aufmerksamkeit liegt nicht mehr im Überleben, sondern
im leichten Leben und Lieben.

Es gibt keinen Grund mehr zu kämpfen. Wenn das
Leben mit dir etwas Neues, etwas anderes vorhat, dann

soll es so sein. Du hast keine Angst mehr vor dem Tod, weil es keinen Tod gibt – es ist lediglich eine Veränderung deiner Form.

Du bist das ewige Leben. Das Einzige, was passieren wird ist, dass du eines Tages aus deinem Körper gehst und ein neues Abenteuer beginnst. Deine spirituelle Reise ist eine Reise in die geistige Welt. Du hast irgendwann das Gefühl, dass dir die geistige Welt sympathischer ist als die materielle Welt. Deshalb hängst du auch nicht mehr so an diesem materiellen Körper, du könntest jederzeit diesen sogenannten Tod akzeptieren. Daher lebt es sich sehr leicht und unbeschwert. Nach dem Motto: „Erst wenn du den Tod akzeptiert hast, beginnst du wirklich zu leben".

In der Meditation hast du diesen absoluten Frieden – diese Glückseligkeit – kennengelernt, die es nur in der geistigen Welt gibt. Ich wünsche dir, dass du in diesem inneren Frieden ankommen kannst und das du hier, in dieser materiellen Welt, mit Freude und Liebe lebst. Deinen Mitmenschen auch auf ihrem spirituellen Weg zu helfen, sie zu unterstützen und zu begleiten, wenn sie dafür offen sind, ist ein schöner Gedanke und kann ein wertvoller Beitrag für uns alle sein. Nichts im Leben passiert zufällig. So werden auch in dieser Lebensphase, die Menschen deinen Weg kreuzen, die genau jetzt in dein Leben passen und ihr voneinander lernen könnt.

Gemeinsam tragen wir einen Teil zum kollektiven Erwachen bei und erfreuen uns des Friedens, der Freude und der Liebe.

41.

Bei der spirituellen

Reise ist der Weg das Ziel,

und dennoch gibt es

ein Ankommen.

Es ist ein Ankommen

bei mir selbst,

ein Ankommen,

bei Gott.

Du bist das Leben

Nun, ich habe im Laufe dieses Buches schon oft erwähnt: Du bist das Leben, du bist die Liebe, du bist göttliche Präsenz, du bist ewiger Geist. Ja, man kann es nicht oft genug sagen. Aber wie kannst du das richtig verstehen und begreifen? Wie kannst du es wirklich glauben und wie kommt es in dein Bewusstsein?

Setz dich mal hin, werde ganz still und denke mal bewusst über dich und dein Leben nach – über deine geistige Existenz, nicht über deine materielle Form.

Schau dich um: Was siehst du alles? Du siehst deine Möbel, deine Wände, dein Gewand, dein Essen, Pflanzen, Bäume, deine Partnerin, etc. Du siehst überall Materie. Du siehst nicht den Geist. Materie können wir sehen – es gibt lebende und tote Materie, beides können wir sehen. Doch den Geist nicht.

Was ist der unterscheid zwischen toter und lebender Materie.

In der lebenden Materie ist ein inhärenter Geist. Es ist der Heilige Geist, es ist die göttliche Präsenz, es ist das Leben.

Jetzt sieh deinen Körper an. Du kannst ihn sehen – er ist lebende Materie. Schau auf deine Hand. Kann deine Hand sich allein bewegen? Nein, das kann sie nicht.

Wer oder was bewegt deine Hand? Es ist der inhärente Geist, der deine Hand bewegt. Es ist das Leben in deiner Hand. Es bist du SELBST, der deine Hand bewegt – du bist das Leben. Du bist nicht deine Hand – du bist das Leben in deiner Hand. Erst wenn du dich bewusst, oder unbewusst entscheidest: „Ich bewege meine Hand", wird sich deine Hand bewegen. Sehr oft machen wir das unbewusst, aber es ist dennoch dein Geist, der dies tut – dein Bewusstsein, das du bist.

Manchmal bewegen wir nicht nur unsere Hand unbewusst, sondern wir leben die ganze Zeit unbewusst. Vieles läuft unbewusst und automatisch ab – wir sind quasi der Passagier unseres Lebens. Je bewusster wir werden, desto mehr steuern wir unser Leben aus unserem bewussten Geist – aus unserem SELBST, und nicht aus unserem unbewussten Ego-Verstand.

Wenn dein Ego dein Leben steuert, verursacht dies Angst und Leid, und du bist weit weg von Gott. Je bewusster du wirst, desto mehr kannst du auf dein Leben einwirken. Du steigst dann die Bewusstseinsebenen empor, beginnst dein Ego zu verstehen und kannst über dein Ego hinausgehen. Du steuerst dann dein Leben durch dein höheres Ich – dein SELBST – durch dein Bewusstsein. In deinem Körper wohnt ein Geist, der deinen Körper beseelt. Sonst wäre dein Körper tote Materie.

Dieser Geist ist dein Selbst – das ist deine Seele, dein Teil vom heiligen Geist. Es ist reines Bewusstsein, göttliche Präsenz. Du, als diese Seele, bist bei deiner Inkarnation eine Verbindung mit deinem Körper eingegangen – und so hat dein Körper ein Leben bekommen. Du hast die höchste und intelligenteste Form von Leben angenommen – du bist Mensch geworden. Du belebst einen menschlichen Körper, aber du bist nicht der Körper – du hast einen Körper.

Bei jeder Inkarnation entsteht nicht ein neues Leben, sondern es entsteht ein neuer Körper. Das Leben war schon immer da – es hat sich nur mit einem Körper verbunden. Dein Körper wird alt, doch deine Seele bleibt jung.

Wenn du ruhig wirst und zu meditieren beginnst, kannst du dich von deinen Gedanken lösen. Du kannst durch deine Gedanken hindurchgehen und in einem leeren Bewusstseinsfeld ankommen. Du kannst dich weiters bei der Meditation so auf dein Inneres fokussieren, dass du auch deinen Körper nicht mehr wahrnimmst. Du kommst in ein völlig leeres Bewusstseinsfeld – du spürst den Heiligen Geist. Dein Körper wird durchlässig für den Heiligen Geist.

Wenn du dabei mit deiner Wahrnehmung immer tiefer nach innen gehst, in deinen Brustraum, dann spürst du bald, wie du von innen heraus lebst – so, als wäre die Quelle des Lebens in dir. Deine Form kannst du dabei völlig fallen lassen und dich als reinen Geist wahrnehmen. Es braucht etwas Zeit und Übung. Die Vipassana-Meditation ist dafür sehr geeignet. Diese Berührung mit deinem reinen Geist – mit deinem Selbst, deiner Essenz, dem ewige an dir, verhilft dir zu verstehen, dass alles um dich herum, die ganze Materie, nur eine vorübergehende Form ist, die im Wesentlichen keine Bedeutung hat. An einem anderen Tag wird es diese Form in dieser Art nicht mehr geben. Form ist eben vergänglich – Geist ist ewig. Wenn du mal beginnst, dich als das reines ewiges Leben wahrzunehmen, und nicht als diesen Körper, der altert und stirbt, dann ist das eine ziemliche Befreiung für dich.

42.

Auf meinem

spirituellen Weg,

erkenne ich irgendwann,

ich bin das Leben selbst,

das ewige Leben.

Nur meine Form

verändert sich immer wieder,

mein Körper ist

vergänglich.

Du kommst in die Leichtigkeit

Am Weg zu Gott wirst du eins mit dem Leben. Dein kleines ICH – dein Ego – tritt in den Hintergrund, und du wirst Teil des unendlichen göttlichen Bewusstseins.

Das Nachlaufen und Erreichen von Zielen wird dir zunehmend unwichtig, da du kein starkes Ego mehr hast. Daher brauchst du nicht mehr ums Überleben kämpfen, dir nichts mehr bestätigen und auch nichts zu beweisen. Der Kampf ums Überleben ist hinfällig geworden, weil es keinen echten Tod gibt, also wofür sollst du kämpfen.

Dein Verlangen nach Geld und materiellem Reichtum nimmt zunehmend ab und wird uninteressant. Dadurch wird dein Leben zusehends entspannter und stressfreier, da du deine Zeit nicht mehr in das Nachjagen von Geld investierst. Du wirst dennoch merken, dass es das Leben gut mit dir meint und es dir an nichts fehlt, dafür sorgt Gott – das Leben – für dich.

Du erkennst, dass die wahren Werte nicht jene sind, die du bisher verfolgt hast, sondern dein innerer Friede, die Freude und die Liebe.

Dinge, die einmal wichtig für dich waren, werden vielleicht unwichtig sein. Jegliches Kämpfen um Macht und Siege wird sich für dich zunehmend als lächerliche Eigenschaft des Egos herausstellen, für die du nichts mehr übrig hast. Die Schweißtropfen sind es nicht mehr wert, geschwitzt zu werden.

In deinem Geist sind wir alle eins – eins in Gott. Alle sind wir die gleichen Kinder Gottes, und aus welchem Grund sollten wir daher gegeneinander kämpfen und über andere obsiegen wollen.

Gott kämpft nicht gegen Gott, sowie das Leben nicht gegen das Leben kämpft – es kämpfen immer nur ein Ego gegen das andere Ego.

Das Kämpfen ist vorbei, stattdessen hast du Platz gemacht für die Leichtigkeit und das Spielerische. Deine Intuition führt dich durch das Leben. Du lebst im Moment – dies ist der wichtigste Augenblick. Was gestern , ist vorbei, und was morgen sein wird, wird sich zeigen.

Das Leben ist ein spielerisches Sein, ein Dahinplätschern von Tag zu Tag. Am Morgen freust du dich über den neuen Tag, und am Abend gehst du dankbar zu Bett. Du fragst nicht danach, was morgen ist – du lässt dich vom Leben überraschen, was es dir zu bieten hat und was du dem Leben zurückgeben kannst.

Das Leben fließt durch dich durch, und du wirst zum Lebenskünstler. Du beherrschst die Kunst zu leben, ohne Kampf, sondern mit Leichtigkeit, Freude und Liebe.

43.

Am Weg

zu mir selbst,

komme ich in die

Leichtigkeit.

Ich höre

auf zu kämpfen,

gegen das Leben selbst,

und gegen andere

Menschen.

Glückseligkeit

Am Weg zu dir selbst – also mit spiritueller Hingabe, Selbstliebe, Meditation und Geistesschulung, so wie ich es beschrieben habe, erreichts du allmählich höhere Bewusstseinsebenen. Damit geht auch ein Gefühl der Glückseligkeit einher.

Der Begriff Glückseligkeit beschreibt es meiner Meinung nach sehr treffend, da, wie das Wort schon verrät, die Seele glücklich ist. In der Erleuchtung, in der Selbstfindung gibst du dich Gott zurück. Du hast dann deine Seele nach Hause gebracht.

Deine Seele ist hier in dieser materiellen Welt auf einer Reise – einer Reise in die Welt der Dualität, in die Welt der Trennung. Durch die Dualität kannst du dich selbst erkennen. Die wahre Natur deiner Seele, ihre wahre Existenz, ist überschattet worden von der Existenz des Egos. Sie konnte sich nicht in ihrer wahren Pracht entfalten und wurde durch ein starkes Ego in den Hintergrund gedrängt.

Durch deinen spirituellen Prozess erstrahlt deine Seele wieder im vollen Licht und genießt es, wieder ein Teil des großen Ganzen – des göttlichen Geistes – zu sein.

Deine Seele, das bist du. Das ist deine wahre Existenz. Sie findet bei Gott wieder ihr zu Hause. Dies ist sehr befreiend und mit einem starken Gefühl des Angekommenseins verbunden. Deine Heimat ist die geistige Welt, dort bei Gott bist du zu Hause. Dort findest du Glückseligkeit und Zufriedenheit.

Diese Zufriedenheit wird dann dein Grundgefühl, dazu braucht es keine Ereignisse im Außen. Keine spektakulären Reisen, keine Orgien, oder keine Partnerin, die dich glücklich macht. Das Fundament dieser Zufriedenheit – dieses Glücks, dieses Friedens in dir – ist die Rückkehr zu Gott, deinem geistigen Vater.

Das Erkennen deines Egos und die Aufgabe der Identifikation mit deinem Ego machen dies möglich. Die Hingabe an Gott, die Meditation, die Selbstliebe und die Geistesschulung sind die wichtigsten Werkzeuge auf deinem Weg.

Diesen Weg kann jeder gehen, wenn man bereit dafür ist – wenn du spürst, da gibt es noch mehr als dieses Leben das ich jetzt führe. Und wenn du spürst, dass es für dich Zeit ist, einen neuen Weg einzuschlagen.

Höre auf deine innere Stimme – auf dein Herz. Steige aus dem Denken aus und gehe in das Fühlen. Dein Herz ist dein Kompass, es wird dich richtig führen – nicht dein Verstand.

Sei dir Gewiss: Gott wartet auf dich. Er hält seine Arme offen und ist bereit, dich zu empfangen. Öffne dich für die Liebe, in jeder Hinsicht. Die Liebe ist das Tor, um selbst wieder zur Liebe zu werden.

44.

Am Weg

zu mir selbst

erreiche ich höhere

Bewusstseinsebnen,

damit geht ein Gefühl

der Glückseligkeit

einher.

Erwachtes Bewusstsein

Wenn man am Weg ist, sich selbst zu finden, erreicht man irgendwann das Stadium des „erwachten Bewusstseins". Erwacht deshalb, weil du in deinem Bewusstsein deine falsch programmierten Überzeugungen, ein Körper zu sein, gelöscht hast. Du bist aus dem Schlaf – aus dem Traum – aufgewacht. Du weißt jetzt, wer du wirklich bist, und hast die Illusion, ein Körper zu sein, über Bord geworfen.

Dein Bewusstsein ist mehr als dein Denken über eine Sache. Es ist dein fundamentaler Geist – dein ewiges SEIN –, verbunden mit deinen geistigen Programmierungen. Es ist auch dein Glaube an eine Sache – deine tiefsitzenden Überzeugungen, die das Fundament deines Denkens begründen.

Du kannst also etwas hören oder etwas lesen, verstehst es mit dem Verstand, aber es ist noch lange nicht deine Überzeugung, dass es tatsächlich so ist. Erst wenn du offen bist dafür – bereit bist, deine Überzeugungen neu zu programmieren –, wird sich dies in deinem Bewusstsein niederschlagen. Dies benötigt Zeit und Geduld.

Zum Thema: „Wer bin ich? Was ist das Leben? Wer ist Gott", haben wir auch unsere tiefsitzenden Überzeugungen in unserem Bewusstsein gespeichert. Ich habe meine Überzeugungen neu programmiert – ich wollte das so, ich war bereit dafür. Das Leben selbst, die Hingabe, die Meditation und die Geistesschulung, die ich mit der spirituellen Literatur, gemacht habe, haben mich zu meinen neuen Überzeugungen gebracht. Durch die

Meditation begibst du dich in ein hochfrequentes Bewusstseinsfeld, das Auswirkungen auf deinen Geist – auf dein Bewusstsein – hat.

Des Weiteren habe ich mich der einschlägigen spirituellen Literatur verschrieben und wollte diese Geistesschulung durch das Lesen solcher spirituellen Bücher vorantreiben. Es war eine Reihe von Büchern, insbesondere Bücher, die durch Channeling entstanden sind. Sie haben ebenfalls ein hochfrequentes Bewusstseinsfeld, da sie ja aus der geistigen Ebene entspringen.

Das Verlangen und die Bereitschaft einen spirituellen Weg zu gehen – das heißt, dich Gott zuzuwenden –, muss von dir selbst kommen. Wenn das Feuer einmal in dir entfacht ist, wenn du dich am Weg gemacht hast zu Gott, wirst du merken, dass es kein Zurück mehr gibt. Du willst gar nicht mehr zurück, du bist dann bereit, diesen Weg weiterzugehen. Gott stellt dann die Weichen, er heißt dich willkommen und wartet mit offenen Armen auf dich.

Das lesen spiritueller Bücher, sowie du es gerade machst, ist eine Geistesschulung und hilft dir dabei in dieses hochfrequente Bewusstseinsfeld zu gehen. Sie eigenen sich für dich dann, wenn du den inneren Wunsch verspürst, diesen Weg weiter zu gehen. Es ist dein innerer Führer, dem du da vertrauen kannst – deine Intuition. Sie wird es dir sagen, und du wirst es spüren, ob und welches Buch für dich das richtige ist.

45.

Der spirituelle Weg

ist eine Reise, die

in die Erleuchtung

münden kann,

wir sprechen dann

vom erwachten

Bewusstsein.

Gott ist alles, Gott ist die Liebe

Zum Schluss möchte ich noch ein paar spirituelle Gedanken zum Leben allgemein und vor allem zu Gott und zur Liebe als Denkanstoß zurücklassen.

Als Menschen haben wir eine große Verantwortung gegenüber der Welt und unserem Planeten Erde. Aber wie können wir dieser Verantwortung gerecht werden?

Wir sind die einzigen Lebewesen, die wirklich etwas in dieser materillen Welt verändern und erschaffen können. Aber wir haben meiner Meinung nach nicht die Verpflichtung, die Welt zu retten. Dieses „Welt retten" bringt auch sehr viel Ärger und Groll zwischen uns Menschen hervor, weil jeder eine andere Anschauung davon hat, wie dieses „Welt retten" aussehen soll.

Wir glauben manchmal, wir können die Welt retten. Wir meinen, wir müssten unsere Erde retten, wir müssten zum Beispiel etwas für unser Klima und unseren Umweltschutz tun. Ja, grundsätzlich eine sehr lobenswerte und selbstlose Einstellung, aber wie gehen wir an die Sache heran?

Manche bilden eine Gruppe mit Gleichgesinnten, etwa Klimaaktivisten, kleben sich auf die Autobahn oder auf die Landebahn eines Flughafens und legen damit den Verkehr lahm. Dadurch sorgen sie für ein Verkehrschaos, für viel Ärger und Groll und meinen dann, sie hätten etwas Gutes für das Klima gemacht. Ob das der richtige Weg ist?

Ich bin der Meinung, wir sollten jeder einzelne, ein gutes Klima in uns selbst schaffen, und zu unseren

Mitmenschen in Form von Liebe, Respekt, Rücksicht und weniger Ego. Dass dabei jeder im Rahmen seiner Möglichkeiten auch auf die Umwelt schaut, sollte selbstverständlich sein.

Diese Erde ist eine Duale Welt und wurde uns als Wohnort für unsere Rolle als Menschen, die wir zurzeit innehaben, zur Verfügung gestellt. Sie ist ein Schauplatz, auf dem sich die materielle Welt abspielt.

Sie ist aber auch ein Klassenzimmer der Liebe, denn die geistige Welt ist genauso präsent und spielt genauso mit in diesem Spiel. Aus der geistigen Sicht ist die Erde ein Klassenzimmer der Liebe, in dem niederes Bewusstsein in Gottesbewusstsein – also in Liebe, transformiert wird.

Der Himmel ist nicht irgendwo da oben – der Himmel ist unter uns. Diese Erde ist ein wunderschöner Wohnort für uns, den wir mit Dankbarkeit, Freude und Liebe wertschätzen sollten.

Gott ist alles was ist – die Liebe und das Leben selbst. Alles auf dieser Erde ist ein Ausdruck Gottes, alles ist ein Teil des Lebens, alles ist miteinander verbunden. Du bist Teil dieses Lebens, du bist die Liebe, das ewige Leben.

Wenn wir unser Ego loslassen, wenn wir uns selbst nicht so wichtig nehmen, sondern das große Ganze sehen, wenn wir uns als geistige Kinder Gottes wahrnehmen, dann sind wir einfach nur sichtbare göttliche Präsenz – deshalb sichtbar, weil wir einen Körper haben. Ich bin und lebe dann mein höheres Ich – mein Selbst. Ich lebe dann das göttliche Prinzip, und es ist wunderschön – es ist herrlich.

Wir alle sollten unser starkes Ego in den Griff bekommen. Wir sollten einen Schritt zurücktreten, uns fallen lassen und uns einfach der göttlichen Führung hingeben. Es ist die Hingabe an Gott sowie ich es schon beschrieben habe. Es würde uns guttun.

Die Welt ist ein Spiegel unserer Seele – sowie im Innen so auch im Außen. Wenn wir beginnen zurückzutreten aus unserem Ego, unsere Machtansprüche, unsere Geld- und Besitzansprüche, unsere Eitelkeit zurücknehmen und uns darauf besinnen, was wir wirklich sind – nämlich göttliche Präsenz –, kann die Welt eine bessere werden. Daran glaube ich.

Wenn wir beginnen, im Sinne Gottes – im Sinne der Liebe – zu handeln, dann brauchen wir uns um unsere Existenz keine Sorgen zu machen. Wir werden die Welt nicht retten und das ist auch nicht unsere Aufgabe. Aber wir können jeder in uns Frieden schaffen und mit unseren Nächsten – und so für ein gutes Klima auf dieser Erde sorgen. Wir sollten nur unserer inneren göttlichen Führung folgen – unserem Herzen, aber nicht unserem Ego.

Gott ist die Liebe, die reine Liebe. Wir handeln aber meist nicht in Liebe, wir handeln meist aus unserem Ego heraus. Viele Missstände sind durch unser Ego Denken und Handeln entstanden. Es beginnt im kleinen Rahmen. Es beginnt bei uns selbst und bei unseren Familien.

Wir sind alle ein Geist, wir stehen in einer Interdependenz zueinander, auch mit unserer Erde. So wie jeder Einzelne denkt und handelt, wirkt sich das auf das große Ganze aus. Beginnen wir, uns einmal selbst zu lieben – dann unseren Nächsten – und dann werden wir zur Liebe. Das trägt dazu bei, ein gutes Klima auf unserer Erde zu schaffen. Wenn wir Liebe geben, werden wir Liebe ernten.

Die Erde ist unser zu Hause, wir müssen sie gut behandeln, wie unseren Körper. Wenn wir unseren Körper nicht liebevoll behandeln, wird er krank werden.

Wenn du deinen Körper stets mit Liebe und Fürsorge behandelst, wird er dich mit Vitalität und Gesundheit beschenken.

Wenn wir untereinander für ein liebevolles und friedvolles Klima sorgen, werden wir auch für ein gutes Klima auf unserer Erde sorgen. Die Erde spiegelt uns unser Sein – das Gesetz der Resonanz.

Aus spiritueller Sicht wäre es ein Segen für uns alle, wenn mehr Menschen aus der Ego Falle aussteigen. Das heißt, dass sie den spirituellen Weg der Erleuchtung gehen und ihre Seele wieder heimbringen.

46.

Das Beste,

was ich für mich,

meine Mitmenschen und

unsere Erde tun kann ist,

in Liebe zu handeln und

mich Gott zurück

zu geben.

Schlusswort

Je nachdem, wie weit du auf deinem spirituellen Weg
schon fortgeschritten bist, wirst du meine Gedanken in
diesem Buch verstehen oder sogar teilen.

Wichtig ist, dass du weißt, dass es mehr gibt als die
materielle Welt, die wir mit unseren Augen sehen. Du
sollst auch wissen, dass du nicht dein Körper bist,
sondern das ewige Leben. Wie du dies am eigenen Leib
erfahren kannst, habe ich ausführlich in diesem Buch
beschrieben. Es hilft dir vor allem die Meditation dabei.

Mit Meditation meine ich in erster Linie das still werden,
das „bewusst Sein", das Nicht-Denken, das Fühlen. Du
kannst dies in deinen Alltag einbauen – ich tue dies
schon seit meiner Kindheit.

Du hast jetzt meine Gedanken, und somit eine spirituelle
Sichtweise auf das Leben kennengelernt. Ich schwebe in
einer Grauzone zwischen materieller und geistiger Welt.
Man kann diese beiden Welten gut miteinander
verbinden. Es lohnt sich, es auszuprobieren, weil es eine
Bereicherung ist, wenn das Geistige in das Materielle
einfließt.

Wenn du dein eigenes Denken reduzierst, schaffst du
einen freien Platz in deinem Kopf, in deinem Leben. Ich
meine vor allem dein grundloses unbewusstes Denken
in deinem Kopf. Dieser freie Platz ist dann für den
heiligen Geist bestimmt. Wir sind alle ein geistiger Teil
dieses Heiligen Geistes. Er ist Gott – er ist alles was ist.

Mit dem Reduzieren deines eigenen Denkens nimmst du
auch dein Ego zurück. Das ist die Voraussetzung dafür,

Schlusswort

dass du in dein höheres ICH – in dein SELBST – kommst. Du gibst dich dann der Führung durch den heiligen Geist hin.

Dies ist ein Prozess, den man üben kann. Mit der Zeit wird es dir immer leichter fallen, in die Meditation – in die Stille – zu kommen.

Die Geistesschulung ist ebenfalls ein wichtiger Bestandteil des spirituellen Weges. Sie verändert deine Überzeugungen in deinem Bewusstsein. Die Geistesschulung korrigiert deine Überzeugungen und hebt dich so die Bewusstseinsstufen empor.

Dieses Buch dient auch deiner Geistesschulung. Ich würde sagen, es ist eine praktische und lebensnahe Einführung in das Thema, aber es wird wahrscheinlich nicht ausreichen, um restlos deine Überzeugungen zu korrigieren. Deshalb empfehle ich dir, weiterhin spirituelle Literatur zu lesen.

Meine Überzeugungen und Glaubenssätze wurden ebenfalls durch das Lesen von spiritueller Literatur korrigiert.

Ich habe auch bereits den Band 2 „Du bist das Leben" veröffentlicht und es würde mich freuen, wenn du die Reise mit mir weiter gehst und auch den Band 2 liest.

Zum Schluss möchte ich dir noch sagen: Gott liebt dich – das Leben liebt dich. Gott will, dass du einfach glücklich bist und liebst. Mach dein Leben zu einem Fest – zu einem Liebesfest.

Weiterführende Literatur:

Gedanken der Erleuchtung
Band 2
„Du bist das Leben"
von Christian Lipp

____

Gespräche mit Gott

Band 1 - 3

von Neal Donald Walsch

____

Regulus Botschaften

von Bettina Büx

____